Talk Chinese Series
Daily Life Talk

脱口说汉语
生活口语

主编：李淑娟

本册作者：李淑娟

翻译：李淑娟

英文改稿：Michael Williams

插图：宋琪

华语教学出版社
SINOLINGUA

First Edition 2008

ISBN 978-7-80200-381-1
Copyright 2008 by Sinolingua
Published by Sinolingua
24 Baiwanzhuang Road, Beijing 100037, China
Tel: (86)10-68320585
Fax: (86)10-68326333
http://www.sinolingua.com.cn
E-mail: fxb@sinolingua.com.cn
Printed by Beijing Foreign Languages Printing House
Distributed by China International Book Trading Corporation
35 Chegongzhuang Xilu, P.O. Box 399
Beijing 100044, China

Printed in the People's Republic of China

Preface

After months of arduous writing, this spoken Chinese learning series *Talk Chinese*, a crystallization of many teachers' hard work, has finally hit the road. As Chinese keeps warming up in today's world, the publication of such a series will no doubt arouse another heat in learning Chinese. Along with the rapid development of the Chinese economy, more and more people have realized the importance and necessity of the Chinese language in communications between people, which not only reflect in economy and trade, but mainly in our daily lives, work and study. Today, China has caught the eyes of the world. The number of people who invest, work, travel and study in China is constantly increasing. Therefore, to learn Chinese, especially colloquial Chinese well, has naturally become an urgent need for these people. In view of no such complete series of teaching spoken Chinese in the market at present, and to meet the demands of the market in learning Chinese, especially spoken Chinese, we have spent a lot of energy on planning and compiling this series to meet the needs of readers.

Talk Chinese is the first series on practical, colloquial Chinese. It covers ten themes on social communication, life, travel, sports, leisure, shopping, emergency, school, office, and IT and network. By imitating real life scenes of various situations, authentic, lively and practical oral expressions are revealed to allow learners to experience the charm of the Chinese language through lively, interesting and humorous situational conversations, and learn the most commonly used colloquial words, phrases, slang, customary usages, everyday expressions and sentences. In another word, this is a very useful and practical encyclopedia on speaking Chinese. As long as one masters the contents of this series, one can respond fluently with the knowledge and oral expressions learned in whatever situations.

The characteristic of this series lies in its authentic, practical language expression, stresses on colloquialism, liveliness, and modernization of language. It selects high frequency words and the most vivid and authentic oral expressions used in daily life, work and study. One of my American friends who can speak perfect Chinese said to me after reading this series, "Very good. I think some expressions in the books are really typical, which I can't learn from other places." This shows that this series has made a breakthrough in Chinese learning materials, and achieved our original intention — that is to introduce the most typical, practical and colloquial expressions to our friends who love Chinese, and allow them to use these expressions as soon as they learn them.

We've included "Relevant Expressions" by listing more expressions and words related to the themes in order to make it convenient for learners to expand their language competency and enlarge their vocabularies.

In addition, to better help learners know Chinese and the Chinese culture, we've also set up a column of "Language Tips" with the intention to introduce some common usage and grammatical knowledge, common mistakes and point out words and expressions that are easily confused, as well as tips on cultural background of the language. Our goal is to help learners not only learn Chinese expressions, but also get to know cultural connotations and language knowledge.

We know that learning and practicing are closely linked, one can't reach the goal of learning without practicing. At the back of each unit we've put together some exercises, emphasizing on listening and speaking to assist learners in mastering what they have learned through practice.

I think everyone has his/her own ways of learning. As the saying goes, "Every road leads to Rome." We believe that as long as one tries hard, one can learn Chinese well no matter which ways and methods one adopts. We sincerely hope this series will be of some help in improving your real ability of speaking Chinese.

We often say "Reading enriches the mind" to encourage people to read widely. Today, we use this expression to invite you to this series, where you will discover so many interesting words and sentences you have yet to learn. What are you waiting for? Come on, let's get started!

Chief compiler : Li Shujuan

前　言

在经过了数月艰苦的笔耕之后，这套凝聚着众多老师心血的"脱口说汉语"大型汉语口语系列图书终于与大家见面了。在汉语不断升温的今天，这套系列图书的出版无疑将引起汉语学习的又一个热潮。随着中国经济的迅猛发展，越来越多的人意识到汉语在人与人之间的交流与沟通上的重要性和必要性，这不仅仅体现在经贸方面，更主要的是体现在每日生活、工作和学习上。今天的中国已经成为世人注目的焦点，来华投资、工作、旅游、学习的人在不断扩大，学好汉语，特别是口语，自然成为这个群体的迫切要求。鉴于目前市场上尚无如此全面的学习汉语口语的系列图书，为了满足人们学习汉语，特别是汉语口语的需求，我们精心策划并编写了这套系列图书，以飨读者。

"脱口说汉语"是国内第一套实用汉语口语系列，内容涵盖交际、生活、出行、运动、休闲、购物、应急、校园、职场、IT网络十大主题。通过模拟发生在真实生活中各种各样的场景，再现地道、鲜活、实用的口语表达形式，让学习者从一个个生动、有趣、幽默的情景对话中体味汉语的魅力，学习掌握最常见、最口语化的词汇、短语、俚语、惯用语、常用语和常用句。可以说，这是一套实用性极强的口语小百科。只要掌握了这套系列的内容，无论面对什么场合，都能运用所学的知识和口语对答如流。

这套系列图书的特点在于语言表达地道、实用，突出语言的口语化、生活化和时代化。书中所收录的都是生活、工作和学习中所使用的高频词和最生动、活泼、地道的口语。我的一个中文讲得非常好的美国朋友在看过这套系列图书之后说："很好，我觉得里面的一些说法特别地道，在别的地方学不到。"这表明该套系列图书在汉语学习教材的编写上还是具有一定突破性的，也达到了我们编写的初衷，那就是要将汉语最精彩、实用的口语介绍给热爱汉语的朋友，让他们学了就能用，而且是活学活用。

我们设有一个"相关用语"栏目，把更多与主题相关的词句列出，目的是方便学习者拓展语言能力，扩大词汇量。

另外，为了更好地帮助学习者了解汉语和中国文化，我们还特别开辟了一个"语言文化小贴士"栏目，向学习者介绍一些语言的使用和文法知识、词语在使用中常见的错误和易混的地方、以及语言的文化背景小提示，让学习者不仅学会汉语的表达，也了解其背后的文化内涵和语言知识。

我们知道，学与练是密不可分的。学而不练则达不到学的目的，所以在每个单元之后都有几个小练习，重点放在听说上，让学习者通过练习掌握所学知识。

我想每个人都有各自的学习方法，俗话说，"条条大路通罗马。"我们相信，只要努力，无论采取什么形式，都能学好汉语。我们衷心地希望这套系列图书能对学习者提高汉语口语的实际表达能力有所裨益。

我们常用"开卷有益"来鼓励人们去博览群书。今天我们用"开卷有益"邀你走进这套系列图书中，你会发现，这里有太多有趣的词语和句子是你从没有学到过的。还等什么？赶快行动吧！

主编：李淑娟

目　　录

Preface I

前言 V

Introduction XI

Unit 1　家　Home

  1.你住哪儿？ Where do You Live?.................................. 2

  2.你家远吗？ Is Your Home Far Away? 5

  3.你家周围环境怎样？ How are the Surroundings of
    Your House? 7

Unit 2　家居设施　Household Facilities

  1.串门 Dropping in 14

  2.漂亮的居室 Elegant Rooms 17

  3.这儿的风景真美 The Scenery is Very Beautiful. 20

Unit 3　爸爸的生日　Father's Birthday

  1.回家 Returning Home 26

  2.看照片 Looking at Photos 28

3.过生日 Birthday Celebration 31

Unit 4 日常起居 Daily Activities

1.该起床了！It's Time to Get up. 36
2.卫生间大战 A "Fight" in the Bathroom 38
3.不争气的马桶 A Disappointing Toilet 41

Unit 5 做家务 Doing Housework

1.打扫房间 Cleaning the House 46
2.洗衣服 Washing Clothes 49
3.做饭 Cooking 51

Unit 6 邻里关系 Good Neighbors

1.打招呼 Greeting 57
2.借东西 Borrowing Things 60
3.相互帮助 Helping Each Other 63

Unit 7 环保行动 Environmental Protection Project

1.垃圾分类 Garbage Classification 69
2.绿化小区 Planting Trees 71
3.谈论环保 Talking About Environmental Protection 74

Unit 8 过年 Chinese New Year

1.春节 Spring Festival 79

2.岁岁平安 Having a Good Year 82

3.红包 Red Envelope 84

Unit 9 吃 Eating

1.请客 A Treat.. 89

2.下馆子 Going to a Restaurant 92

Unit 10 喝 Drinking

1.喝酒 Drinking Alcohol.. 97

2.喝茶 Drinking Tea 100

3.喝咖啡 Drinking Coffee 103

Unit 11 玩 Playing

1.玩棋 Playing Board Games 109

2.玩电脑游戏 Playing Computer Games 112

Unit 12 乐 Music

1.唱歌 Singing 118

2.跳舞 Dancing 121

3.谈论音乐 Talking About Music 124

Unit 13 穿 Dressing

1.穿什么？ What to Wear? 129

2.穿多少？ How Many Clothes to Wear?................... 132

3.穿什么样式？ What Style to Wear?........................133

Unit 14 美 Good Looks

1.谈论相貌 Talking About Looks 138
2.发型 Hairstyle 140
3.化妆 Make-up 141

Unit 15 行 Traveling

1.开车去 Driving 146
2.打车去 Taking a taxi 148

词汇表 Vocabulary 154

Introduction

Part 1 Learn *Pinyin* My Way

Chinese *pinyin* is not difficult to learn. It mainly includes three parts: initials, vowels and tones. In this chapter you'll be introduced to some basic knowledge of *pinyin*, pronunciations, differences between *pinyin* and English phonetics, and ways to remember them, so that you can read and pronounce *pinyin* easily. This will help you to study Chinese by yourself along with the audios.

1. Initials

There are 23 initials in Chinese *pinyin*. Many of them have similar sounds to the English consonants. Please look at Table 1 and compare them with the English version.

Table 1   Chinese Initials

Chinese letter	Sound	English word
b	p	as "b" in "book"
p	p'	as "p" in "poor"
m	m	as "m" in "more"
f	f	as "f" in "four"
d	t	as "d" in "dog"
t	t'	as "t" in "text"

n	n	as "n" in "net"
l	l	as "l" in "learn"
g	k	as "g" in "green"
k	k'	as "k" in "kit"
h	x	as "h" in "her"
j	tɕ	as "j" in "jeep"
q	tɕ'	as "ch" in "cheese"
x	ɕ	as "sh" in "shit"
z	ts	as "ds" in "sounds"
c	ts'	as "ts" in "lots"
s	s	as "s" in "sum"
zh	tʂ	as "j" in "journey"
ch	tʂ'	as "ch" in "church"
sh	ʂ	as "sh" in "shirt"
r	ʐ	as "r" in "red"
w	w	as "w" in "woman"
y	j	as "y" in "you"

2. Finals

There are 35 vowels in Chinese *pinyin*. To be more specific, there are six vowels and 29 compound vowels. The six vowels are: a , o , e , i , u , and ü . Under each vowel there are several compound vowels. The key to remember them, is to remember the six vowels first, then remember the compound vowels of each vowel as a group. There is a rule in doing it. Look at Table 2 and compare them with the English version.

Table 2   Chinese Finals

Chinese letter	Sound	English word
a	A	as "ar" in "car"
ai	ai	I
an	ɑn	as "an" in "ant"
ang	ɑŋ	as "ong" in "long"
ao	ɑu	as "ou" in "out"
o	o	as "a" in "water"
ou	ou	oh
ong	uŋ	as "ong" in "gone"
e	ɤ	as "ir" in "bird"
ei	ei	as "ay" in "may"
en	ən	as "en" in "end"
eng	əŋ	as "eng" in "beng"
er	ər	as "er" in "traveler"
i	i	as "ea" in "tea"
ia	iA	yah
iao	iɑu	as "yo" in "yoga"
ie	ie	as "ye" in "yes"
in	in	as "in" in "inside"
iu	iou	you
ian	iɛn	Ian
iang	iɑŋ	young
ing	iəŋ	as "ing" in "going"

iong	yuŋ	as "one" in "alone"
u	u	woo
ua	uA	as "wa" in "watt"
ui	uei	as "wee" in "sweet"
un	uən	won
uo	uo	as "wha" in "what"
uai	uai	why
uan	uan	when
uang	uaŋ	as "wan" in "want"
ü	y	
üe	ye	
ün	jn	
üan	yɛn	

3. Tones

Mandarin Chinese has four tones – the first tone " ˉ ", the second tone " ˊ ", the third tone " ˇ ", and the fourth tone " ˋ ". Different tones express different meanings. It is important to master all four tones in order not to mislead others when you're speaking.

How does one practice the four tones is a common question. Here is one way to do it: Do you know how to sing songs? Yes, use that to help you. For example: ā , á , ǎ , à , the first tone " ā "is a high tone, so you should sing it high pitched as if you're saying the word "Hi"; the second tone goes from low to high as if you're saying the word "What?"; the third tone is like a valley, you can sing it as if saying the word "whoa"; and the fourth tone goes from high to low as if you're saying the word "go". Isn't it easy? Now let's practice the four tones.

ā	á	ǎ	à
ō	ó	ǒ	ò
ē	é	ě	è
ī	í	ǐ	ì
ū	ú	ǔ	ù
ǖ	ǘ	ǚ	ǜ

mā	má	mǎ	mà
妈	麻	马	骂
mother	hemp	horse	curse

wō		wǒ	wò
窝		我	卧
nest		I	lie

gē	gé	gě	gè
哥	革	舸	个
brother	leather	barge	one unit of something (a measure word)

xī	xí	xǐ	xì
西	习	洗	细
west	study	wash	thin

hū	hú	hǔ	hù
呼	壶	虎	户
call	pot	tiger	household

jū	jú	jǔ	jù
居	局	举	句
reside	game	raise	sentence

Part 2 Learn Grammar My Way

As soon as grammar is mentioned, one may frown and sigh helplessly at the hardship of learning Chinese. As a matter of fact, learning Chinese grammar is not as difficult as learning the grammar of other languages. The most difficult thing to learn might be the characters or remembering the strokes and how to write them. Chinese grammar is much easier. In this chapter, you'll be introduced to some basic rules or structures of the Chinese grammar, so that you can learn them by heart as you continue on to the later part of the book. As we have done in the next chapter, let's compare the Chinese grammar with the English one, so that you can get a clearer picture of the Chinese grammar.

After comparing English grammar with the Chinese, do you find it easier to learn? Those are the basic rules of Chinese grammar. You'll learn more complex sentences after mastering these simple ones. Actually, English and Chinese grammars have a lot in common. So look out for them as you study. Hope you'll enjoy learning Chinese with the help of this book.

汉语语法简介
A Sketch of Chinese Grammar

名称 Term	汉语 Chinese	英语 English	对比说明 Explanation
动词谓语句 sentences with verb as the predicate	我学习汉语。 我明天去你家。 他们在门口等你。 老师坐飞机来北京。	I study Chinese. I'll go to your home tomorrow. They are waiting for you at the gate. The teacher came to Beijing by plane.	跟英语句式基本相同，但时间、地点、方式都放在动词前边。 Its sentence structure is similar to that of English, but the word of time, place and manner is put before the verb.
形容词谓语句 sentences with adjective as the predicate	哥哥很忙。 我妈妈身体很好。	My brother is very busy. My mother's health is very good.	汉语主语跟形容词谓语之间不用"是"动词。 In Chinese no verb "be" is used between the subject and adjective predicate.
名词谓语句 sentences with noun as the predicate	今天星期六。 一年十二个月。 明天20号。 他30岁。 我新来的。	Today is Saturday. There are twelve months in a year. Tomorrow is the 20th. He is thirty years old. I'm new here.	主语和谓语之间，可以用"是"也可以不用。但是用了"是"就不是名词谓语句了。 Verb "be" can either be used or not between the subject and the predicate. But if verb "be" is used, it is no longer a sentence with noun as the predicate.

名称 Term	汉语 Chinese	英语 English	对比说明 Explanation
存现句 "There be" sentences	桌子上放着词典和书。 屋子里有人。 车上下来一个小孩儿。 墙上挂着一张画儿。	There are dictionaries and books on the table. There is someone in the room. There is a child getting off the bus. There is a picture on the wall.	"地方"可以作主语。这里的动词是"存在"的意思。 Words showing places can be used as subject. The verb here means "existence".
"把"字句 sentences with "bǎ"	我把钥匙丢了。 他把钱花光了。 你把钱给他。 你把行李拿下来吧。 她把这些东西搬出去了。 孩子们把椅子搬到教室外边去了。	I lost my key. He spent all his money. Give your money to him. Please take down the luggage. She moved these things out. The children moved chairs outside the classroom.	1.谓语动词一般是及物动词。 2.宾语多是名词。 3.宾语是说话双方都知道的。 4.谓语动词不能单独出现，后边必须跟"了"、宾语或者补语等。 5.主要用来回答宾语怎么样了。 1.The predicate verb is usually a transitive verb. 2.The object is usually a noun. 3.The object is known by both sides of speakers. 4.The predicate verb cannot be used alone, it must be followed by "le", object or complement and so on. 5.It is mainly used to answer what happens to the object.

名称 Term	汉语 Chinese	英语 English	对比说明 Explanation
被动句 passive sentences	我被老师批评了一顿。 姐姐被气哭了。 自行车叫弟弟骑坏了。 楼盖好了。 菜买回来了。 作业我写完了。	I was criticized by the teacher. My sister got so upset that she cried. The bicycle was broken by my younger brother. The building was completed. The vegetables were bought. My homework is done.	汉语的被动句可以分为两类：一类是有标志"被""叫""让"的，放在动词前边。另一类是无标志的，受事者放在主语位置上，谓语放在它的后边。结构跟主谓谓语句一样，但表示的是被动的意思。 The passive sentences in Mandarin can be divided into two categories: One is signaled with "bei", "jiao", and "rang" put before the verb. The other is not signaled, which we call imaginative passive sentence. The receiver is put in the subject position, followed by the predicate. The structure is the same to the subject + predicate sentence, but has a passive meaning.
"是……的"句 "shi…de" sentences	我是昨天坐飞机来北京的。 我是在商店买的这件衣服。 他是出差来的。	I came to Beijing by plane yesterday. I bought this coat in a store. He came here on business.	"是……的"句表示强调，强调"时间""方式""地点""目的"等。 The "shi…de" sentence indicates emphasis, stressing on "time", "manner", "place", "purpose" etc.

名称 Term	汉语 Chinese	英语 English	对比说明 Explanation
无主句 sentences without a subject	下雨了。 刮风了。 上课了。	It's raining. Wind is blowing. It's time for class.	主语不需要出现时，可以不说出主语。 When a subject is not necessary, it is not used.
比较句 comparative sentences	我跟你一样大。 哥哥比弟弟大两岁。 这双鞋比我的大一点儿。 他的口语比我的好得多。 妹妹比姐姐（更）漂亮。 我儿子有这桌子这么高。	I'm as old as you are. The elder brother is two years older than the younger one. These shoes are a little bigger than mine. His oral English is much better than mine. The younger sister is prettier than the elder one. My son is as tall as the table.	A 跟 B 一样＋形容词 A 比 B＋形容词＋补充说明 "A 比 B 更（还）＋形容词" A 有 B＋形容词 A "gen" B "yīyàng"(same)＋ adj. A "bǐ" B＋adj.＋additional explanation. A "bǐ" B "gèng/hái"(more)＋adj. A "yǒu"(have) B＋adj.

名称 Term	汉语 Chinese	英语 English	对比说明 Explanation
反问句 rhetorical questions	这不是你的笔吗?	Isn't this your pen?	"不是……吗?"用来对某事事进行强调,意思是"这就是你的笔"。汉语的反问句中肯定句调强否定,否定句强调肯定。反问句的种类还有很多。 "bu shi...ma?" is used to stress sth. meaning "this IS your pen." In Chinese the positive sentence in a rhetorical question stresses on negative, while a negative sentence stresses on positive. There are other types of rhetorical questions.
名词的数 number of noun	一张桌子 三张桌子 一把椅子 六把椅子 一个学生 一百个学生	a table, three tables a chair, six chairs a student, a hundred students	汉语的名词没有单数、复数的变化。 In Chinese, the noun has no singular and plural changes.

名称 Term	汉语 Chinese	英语 English	对比说明 Explanation
方位词 direction and location words	东、南、西、北、上、下、前、后、左、右、里、外、内、中间、旁…… 以东、以上、以内、以外、之前、之中、之间、之内、东边、左边、旁边、上边、东面、下面、东面、右面、东头、外面、里头、上头、前头等	east, south, west, north, up, down, front, back, left, right, inside, outside, in, middle, aside… eastward, above, within, beyond, before, among, between, within, eastern, left, side, above, east side, outside, below, right side, east end, inside, over, in front, etc.	汉语的方位词分单纯方位词和合成方位词。单纯方位词一般不能单独使用。合成方位词是由以~、之~、~边、~面、~头组合而成。 The direction and location words are divided into one-character words and compound words. The one-character words are usually not used alone. The compound words are composed of "yi-", "zhi-", "-biɑn", "-miɑn", and "-tou".
疑问词"谁""什么" "哪儿" 等 interrogative words "shuí" (who), "shenme" (what), "nɑr" (where) etc.	谁是老师？ 你去哪儿？ 这是谁的书？ 你什么时候回家？ 你们怎么回学校？	Who is the teacher? Where are you going? Whose book is this? When will you go home? How will you go back to school?	疑问词在问句中可以做主语、宾语、定语、状语。 Interrogative words can be used as the subject, predicate, attribute, and adverbial in a question.

名称 Term	汉语 Chinese	英语 English	对比说明 Explanation
数量词 measure words (Quantifiers)	我买了三本书。 他买了五辆自行车。 浴室里挂着两面镜子。	I bought three books. He bought five bicycles. Two mirrors are hung in the bathroom.	汉语的量词非常丰富。数词和名词之间通常要有一个量词。 There are plenty of measure words or quantifiers in Chinese. Generally there is a measure word between numerals and nouns.
动词 verbs	看一看看，看了看，看一下，看一看， 学习一学习学习，学习了学习，学习一下、 学习学习	look, have a look, look at study, learn	汉语的动词可以重叠使用。 Chinese verbs can be duplicated.
"了" "le"	昨天下午，我参观了历史博物馆。 我把这本小说看完了。 他坐起来下床穿上鞋走了出去。 我不去看电影了。	I visited the Historical Museum yesterday afternoon. I've finished reading the novel. He sat up, put on his shoes, got off the bed, and went out. I won't go to the movie.	"了"在动词或者句子后边表示： 1. 在一个具体的时间，这个动作完成了。 2. 这件事情完成了。 3. 在连续的几个动作发生时，"了"放在最后一个动词后边。 4. "了"表示事情发生了变化。 The word "le" following a verb or a sentence indicates: 1. The action is completed within a specific time. 2. This thing has been done. 3. When a series of actions are taking place, "le" is put behind the last verb. 4. "le" indicates something has changed.

续表

名称 Term	汉语 Chinese	英语 English	对比说明 Explanation
"着" "zhe"	他在椅子上坐着。 他穿着中式衣服。 床上躺着一个小孩子。	He is sitting on a chair. He is wearing Chinese-style clothes. A child is lying on the bed.	"着" 放在动词后边表示： 处于持续状态的动作或者样子。 The word "zhe" following a verb indicates it is in a state of continuous actions or mode.
"过" "guo"	我学过汉语。 我去过上海。 他没来过这儿。	I have studied Chinese. I have been to Shanghai. He hasn't been here.	"过" 用在动词后表示：强调某种动作曾经发生过 或者强调某种经历。 The word "guo" following a verb indicates a certain action has happened or a certain experience is being stressed.
正在······ ······呢 正······呢 在······呢 正在······呢 zheng zai...ne zheng...ne zai...ne zheng zai...ne	现在他正在吃饭。 我吃饭呢，不去送你了。 他没时间，他正开会呢。 他没出去，他在睡觉呢。 我正在吃饭呢，你别问我了。	He is having his meal now. I'm having a meal so I won't see you off. He has no time because he's having a meeting. He is not out. He's sleeping. I'm having a meal. Please don't ask me.	"正在······，······呢，正······呢，在······呢，正在······呢" 表示某个动作正在进行中。 "zheng zai...ne", "zheng...ne", "zai...ne", "zheng zai...ne" indicate an action is going on right now.

Home

● 必备用语 Key Expressions

nǐ jiā zhù nǎr
你家住哪儿？

Where do you live?

wǒ jì de nǐ shàng dà xué shí gēn fù
我记得你上大学时跟父
mǔ yì qǐ zhù
母一起住。

I remember you lived with your
parents when you were in college.

wǒ zū fáng zhù
我租房住。

I rent a house.

wǒ jiā zhù de shì píng fáng
我家住的是平房。

I live in a one-storey house.

nǐ mǎi fáng le ma
你买房了吗？

Have you bought a house?

nǐ jiā lí nǐ shàng bān de dì fang yǒu
你家离你上班的地方有

duō yuǎn
多远？

How far is it from your office to
your home?

nǎ tiān nǐ yǒu gōng fu dào wǒ jiā lái
哪天你有工夫到我家来
wán ba
玩吧。

Please come to my house some day
when you're free.

xiǎo qū de pèi tào shè shī rú hé
小区的配套设施如何？

How are the accessory facilities in
the neighborhood?

wǒ jiā zhù zài jiāo qū
我家住在郊区。

I live in the suburb.

● 情景对话 Situational Dialogues

(Zhang Ling and Lin Qing were classmates at college. After grad-
uation, they both found a job in Beijing. Several years later, they
met again.)

1. 你住哪儿? Where do You Live?

张 玲:哎,林青。
Zhang Ling: Hi, Lin Qing.

林 青:哎呀, 张 玲,是你呀,都 快 认不出来了。
Lin Qing: Wow, Zhang Ling. I can't believe it's you. I could hardly recognize you.

张 玲:可我一眼就认出你了。我们毕业后有多久没见了?
Zhang Ling: But I recognized you right away. How long has it been since we were apart?

林 青:八年多了。你好吗? 现在在哪儿工作呢?
Lin Qing: More than eight years. How are you? And where are you working now?

张 玲:我在一家外贸公司工作。你呢?
Zhang Ling: I'm working at a foreign trade company. And you?

林 青:我毕业后就一直在出版社。你家住哪儿?
Lin Qing: I've been working at a publishing house since graduation. Where do you live?

张 玲:没结婚的时候我在城里的公司附近租房住,现在我家在郊区——昌平,我在那儿买了房。你在哪儿住呢?我记得你上大学时

gēn fù mǔ yì qǐ zhù
跟 父 母 一 起 住 。

Zhang Ling: I rented a house near my company before marriage. Now I live in the suburb, Changping. I bought a house there. Where do you live? I remember you lived with your parents when you were in college.

lín qīng　duì　kě xiàn zài zì jǐ zhù le
林 青 :对。可 现 在 自 己 住 了 。

Lin Qing: Yes, but now I live by myself.

zhāng líng　rú guǒ wǒ méi jì cuò de huà　nǐ jiā yuán lái zhù de shì píng fáng
张　玲 :如 果 我 没 记 错 的 话 ,你 家 原 来 住 的 是 平 房 ,
　　　　 zài shì zhōng xīn de yí ge hú tong li
　　　　 在 市 中 心 的 一 个 胡 同 里 。

Zhang Ling: If I remember correctly, you used to live in a one-storey house, in an alley in downtown.

lín qīng　méi cuò　nǐ de jì xing kě zhēn hǎo
林 青 :没 错 ,你 的 记 性 可 真 好 。

Lin Qing: That's right. You've got a good memory.

zhāng líng　nà nǐ xiàn zài zhù nǎr　　nǐ yě mǎi fáng le ma
张　玲 :那 你 现 在 住 哪 儿?你 也 买 房 了 吗?

Zhang Ling: Where do you live now? Have you also bought a house?

lín qīng　shì a　bù mǎi bù xíng le　wǒ dōu jié hūn le　bù néng zǒng gēn fù
林 青 :是 啊 ,不 买 不 行 了 。我 都 结 婚 了 ,不 能 总 跟 父
　　　　 mǔ zhù yí bèi zi ba
　　　　 母 住 一 辈 子 吧 。

Lin Qing: Yes, I had to. I got married, and I couldn't live with my parents all my life.

zhāng líng　kě bú shì ma
张　玲 :可 不 是 嘛 。

Zhang Ling: Absolutely.

词汇 Vocabulary

一眼 yì yǎn
one look; a glance

认出 rèn chū
recognize

外贸公司 wài mào gōng sī
foreign trade company

出版社 chū bǎn shè
publishing house

住 zhù
live

平房 píng fáng
one-storey house

市中心 shì zhōng xīn
downtown

胡同 hú tong
alley

记性 jì xing
memory

买房 mǎi fáng
buy a house

结婚 jié hūn
get married; marry

一辈子 yí bèi zi
from birth to death; one's lifetime; all one's life

相关用语 Relevant Expressions

你跟谁住?
nǐ gēn shuí zhù / Who do you live with?

我跟同学一起租房住。
wǒ gēn tóng xué yì qǐ zū fáng zhù / I live with my classmates in a rented house.

我买房用掉了我所有的积蓄。
wǒ mǎi fáng yòng diào le wǒ suǒ yǒu de jī xù / I used up all my savings to buy a house.

我的新房位于黄金地段。
wǒ de xīn fáng wèi yú huáng jīn dì duàn / My new house is located in the best area of the city.

这房子是我贷款买的。
zhè fáng zi shì wǒ dài kuǎn mǎi de / I bought this house on mortgage loan.

市区的房子比郊区贵很多。
shì qū de fáng zi bǐ jiāo qū guì hěn duō / The houses in downtown are much more expensive than those in suburbs.

2. 你家远吗? Is Your Home Far Away?

zhāng líng   nǐ jiā lí nǐ shàng bān de dì fang yuǎn ma
张　玲：你家离你　上　班的地方　远　吗?

Zhang Ling: Is your home far away from your office?

lín qīng bú tài yuǎn   ò   duì le   wǒ xiàn zài zhù dōng chéng   lí wǒ fù mǔ
林　青：不太远。哦，对了，我　现　在住东　城　，离我父母
　　　　jiā hěn jìn
　　　　家很近。

Lin Qing: Not very far. Oh, I'm living in Dongcheng District now, very
　　　　　close to my parents' home.

zhāng líng   ài   zhù zài chéng li duō hǎo a   qù nǎr   dōu fāng biàn
张　玲：唉，住在　城　里多好啊，去哪儿都方便。

Zhang Ling: Alas, it is really convenient living in downtown! It's easy to
　　　　　go anywhere.

lín qīng   zhè dào shì   kě fáng zi guì a   wǒ mǎi fáng de shí hou yì píng mǐ
林　青：这　倒是。可房子贵啊，我买房的时候一平米
　　　　jiǔ qiān duō ne
　　　　九千多呢!

Lin Qing: That's right. But houses are expensive. When I bought my
　　　　　house, it cost more than 9,000 yuan per square meter.

zhāng líng   wǒ de fáng zi mǎi de zǎo   nà shí hou hái pián yi   yì píng mǐ wǔ
张　玲：我的房子买得早，那时候还便宜，一平米五
　　　　qiān duō   bú guò   xiàn zài jiāo qū de fáng jià yě zhǎng le
　　　　千多。不过，现在郊区的房价也涨了。

Zhang Ling: I bought mine earlier when it was still cheap, more than 5,000
　　　　　yuan per square meter. But now the price of houses in the
　　　　　suburbs has also gone up.

lín qīng   nǐ měi tiān zěn me shàng bān ne   shì zuò gōng jiāo chē hái shì
林　青：你每天怎么　上　班呢?是坐　公　交车还是
　　　　kāi chē
　　　　开车?

Lin Qing: How do you go to work every day, on bus or do you drive your
　　　　　own car?

zhāng líng　wǒ kāi chē　qí shí suàn qǐ lai　wǒ nà fáng zi yì diǎn yě bù
张　玲：我 开 车。其 实 算 起 来，我 那 房 子 一 点 也 不

　　　　shěng qián　yīn wèi jiāo tōng bú biàn　wǒ hái děi zài yǎng yí liàng
　　　　省 钱，因 为 交 通 不 便，我 还 得 再 养 一 辆

　　　　chē ne
　　　　车 呢。

Zhang Ling: I drive. Actually, my house costs me no less money because I had to buy a car.

lín qīng　nǐ jiā lí nǐ shàng bān de dì fang yǒu duō yuǎn a
林 青：你 家 离 你 上 班 的 地 方 有 多 远 啊?

Lin Qing: How far is it from your home to your office?

zhāng líng　bú jìn　shǎo shuō yě děi èr sān shí gōng lǐ　kāi chē dà yuē
张　玲：不 近，少 说 也 得 二 三 十 公 里。开 车 大 约

　　　　sìshí fēn zhōng ba
　　　　40 分 钟 吧。

Zhang Ling: Not very close. It's at least 20 or 30 kilometers. It takes about 40 minutes to drive.

lín qīng　nà kě gòu yuǎn de　yào shì gǎn shàng dǔ chē　hái bù děi huā yí ge duō
林 青：那 可 够 远 的。要 是 赶 上 堵 车，还 不 得 花 一 个 多

　　　　xiǎo shí cái néng dào wa
　　　　小 时 才 能 到 哇?

Lin Qing: That's really far. If you hit a traffic jam, it would take you more than one hour to get to the office, wouldn't it?

zhāng líng　hé zhǐ yì xiǎo shí　yǒu yí cì wǒ yòng le liǎng xiǎo shí cái dào
张　玲：何 止 一 小 时，有 一 次 我 用 了 两 小 时 才 到。

　　　　zhēn néng bǎ wǒ fán sǐ
　　　　真 能 把 我 烦 死。

Zhang Ling: Far more than one hour. Once it took me two hours. How irritating!

lín qīng　méi zhé　dōu shì yīn wèi chéng li de fáng jià tài gāo nào de
林 青：没 辙，都 是 因 为 城 里 的 房 价 太 高 闹 的。

Lin Qing: There is no other way. That's due to the high price of houses in downtown.

词汇 Vocabulary

方便 fāng biàn
convenience; be convenient

贵 guì
expensive; dear

便宜 pián yi
cheap

房价 fáng jià
price of a house

涨 zhǎng
go up; rise

公交车 gōng jiāo chē
bus

开车 kāi chē
drive

堵车 dǔ chē
be held up in a traffic jam;
traffic jam

何止 hé zhǐ
far more than

烦 fán
annoy; irritate

闹 nào
caused by...

相关用语 Relevant Expressions

一小时的路程
yì xiǎo shí de lù chéng / one-
hour journey

挺近(远)的
tǐng jìn (yuǎn) de / pretty close
(far away)

坐地铁
zuò dì tiě / by subway

乘地铁是最快的出行方式。
chéng dì tiě shì zuì kuài de chū
xíng fāng shì / Taking the sub-
way is the fastest way of com-
muting.

坐车需要一小时
zuò chē xū yào yì xiǎo shí / It
takes an hour by car.

3. 你家周围环境怎样? How are the Surroundings of Your House?

lín qīng   nǐ jiā zhōu wéi huán jìng zěn yàng
林 青 : 你 家 周 围 环 境 怎 样 ?

Lin Qing: How are the surroundings of your house?

zhāng líng   hái bú cuò   wǒ men xiǎo qū páng biān jiù yǒu yí ge gōng yuán
张 玲 : 还 不 错 。我 们 小 区 旁 边 就 有 一 个 公 园 ,

hái yǒu yì tiáo xiǎo hé
还 有 一 条 小 河。

Zhang Ling: Not bad. Near our buildings there is a park, and a stream, too.

lín qīng jiāo tōng fāng biàn ma
林 青：交 通 方 便 吗？

Lin Qing: Is it convenient for come-and-go?

zhāng líng   hái xíng   lí wǒ jiā bù yuǎn jiù yǒu yí ge dì tiě zhàn xiǎo qū mén
张 玲：还 行。离 我 家 不 远 就 有 一 个 地 铁 站 ，小 区 门

kǒu yǒu gōng jiāo chē
口 有 公 交 车。

*Zhang Ling: It's OK. There is a subway station not far from my house, and
a bus stop at the entrance to the buildings.*

lín qīng xiǎo qū de pèi tào shè shī rú hé
林 青：小 区 的 配 套 设 施 如 何？

Lin Qing: How are the accessory facilities in the neighborhood?

zhāng líng   bú cuò   wǒ jiā fù jìn yǒu yí ge dà chāo shì   xiǎo qū li yòu yòu ér
张 玲：不 错。我 家 附 近 有 一 个 大 超 市 ，小 区 里 有 幼 儿

yuán   xué xiào hé yī yuàn
园 、学 校 和 医 院 。

*Zhang Ling: Pretty good. There is a supermarket nearby, and a kinder-
garten, a school and a hospital in the neighborhood.*

lín qīng zhēn de hěn hǎo ye shuō shí huà rú guǒ shēng huó shè shī qí quán
林 青：真 的 很 好 耶！说 实 话，如 果 生 活 设 施 齐 全 ，

hái shì zhù zài jiāo qū gèng hǎo zhè li de kōng qì bǐ chéng li
还 是 住 在 郊 区 更 好。这 里 的 空 气 比 城 里

xīn xiān duō le
新 鲜 多 了。

*Lin Qing: That's very good. Frankly speaking, if the living facilities are
complete, it's better to live in the suburbs. The air is much
fresher than that in downtown.*

zhāng líng　kě bú shì ma　wǒ jiù shì kàn nà li de huán jìng bú cuò cái mǎi de
张 玲：可不是嘛。我就是看那里的环境不错才买的

fáng　wéi yī bù hǎo de jiù shì shàng bān yuǎn　rú guǒ chū mén
房。唯一不好的就是上班远，如果出门

bù dǔ chē jiù gèng hǎo le
不堵车就更好了。

Zhang Ling: You can say that again. I bought the house because of the good environment there. The only disadvantage is it's too far away from my office. It would be better if there were no traffic jams.

lín qīng　tīng nǐ zhè me yì shuō　wǒ dōu xiǎng bān dào wài mian zhù le
林青：听你这么一说，我都想搬到外面住了。

Lin Qing: Well, hearing your words, I'd like to move out of town, too.

zhāng líng　zhè me zhāo　nǎ tiān nǐ yǒu gōng fu dào wǒ jiā lái wán ba　wǒ dài
张 玲：这么着，哪天你有工夫到我家来玩吧。我带

nǐ dào wǒ jiā zhōu wéi zhuàn zhuan　bāo nǐ xǐ huan
你到我家周围转转，包你喜欢。

Zhang Ling: Then, please come to my house some day. And I'll show you around. I'm sure you'll love the surroundings of it.

lín qīng　hǎo a　děng wǒ chōu chū shí jiān lái jiù gěi nǐ dǎ diàn huà　nǐ jiā
林青：好啊！等我抽出时间来就给你打电话。你家

de diàn huà shì duō shao
的电话是多少？

Lin Qing: Oh, good. I'll call you soon as I've got the time. What's your phone number at home?

zhāng líng　wǒ gěi nǐ yì zhāng míng piàn hǎo le　shàng miàn yǒu wǒ de shǒu
张 玲：我给你一张名片好了，上面有我的手

jī hào mǎ hé　　　dì zhǐ
机号码和email地址。

Zhang Ling: Here is my business card. It has my mobile phone number and email address on it.

lín qīng ō zhè shì wǒ de míng piàn jīn tiān pèng dào nǐ zhēn shì tài gāo
林 青 :噢，这是我的名片。今天碰到你真是太高
　　　　xìng le
　　　　兴了。

Lin Qing: Oh, this is my business card. It's so nice to have met you today.

zhāng líng wǒ yě shì yǐ hòu zán men cháng lián xì
张 玲 :我也是。以后咱们常联系。

Zhang Ling: Me, too. Let's keep in touch.

lín qīng yí dìng de zài jiàn
林 青 :一定的。再见。

Lin Qing: Sure we will. Bye.

zhāng líng zài jiàn
张 玲 :再见。

Zhang Ling: Bye.

词汇 Vocabulary

周围环境 zhōu wéi huán jìng
surroundings; ambience

小区 xiǎo qū
community; housing estate;
neighborhood

公园 gōng yuán
park

小河 xiǎo hé
stream; small river

地铁站 dì tiě zhàn
subway station

配套设施 pèi tào shè shī
accessory facilities

超市 chāo shì
supermarket

幼儿园 yòu ér yuán
kindergarten

学校 xué xiào
school

医院 yī yuàn
hospital

郊区 jiāo qū
suburb; outskirt

空气 kōng qì
atmosphere; air

新鲜 xīn xiān
fresh

工夫 gōng fu
time or spare time

名片 míng piàn
business card

联系 lián xì
contact; touch

相关用语 Relevant Expressions

餐馆
cān guǎn / restaurant

健身房
jiàn shēn fáng / gym

购物中心
gòu wù zhōng xīn / shopping center

语言文化小贴士 Language Tips

píng fáng
1. 平 房

　　指只有一层的房子。在中国,平房根据坐落的位置和方向分东房、南房、西房、北房。坐北朝南的房子叫北房,坐南朝北的房子叫南房,以此类推。

　　It refers to the one-storey house. In China, one-storey houses can be divided into the east house, the south house, the west house and the north house. If a house sits north facing south, it is a north house; if it sits south facing north, it is a south house.

zì jǐ zhù
2. 自 己 住

　　指一个人住,也指夫妻两人或一家三口人单独住,而不与父母同住。

　　Living alone, or a young couple or a couple with a child living alone, instead of with the parents of either one of the couple.

我们所有吃的东西都放你的包里了，要是你不来，我们还不得都饿死？

　　　yào shì　　　hái bù děi
3 . 要 是……，还 不 得……

　　表示如果假设条件成立，那么情况会更糟。

　　"If..., ... would..." means the situation would be worse if the assumption is true.

　　例：我们所有吃的东西都放你的包里了，要是你不来，我们还不得都饿死？

　　All our food is in your bag. If you don't come, we would die of hunger.

　　bāo nǐ xǐ huān
4 . 包 你 喜 欢

　　"包"在这里指"担保、保证"，这句话的意思是"保证你喜欢"。其他与"包"搭配的句子还有：包你没错，包你满意……

　　The word "bāo" here means "guarantee or assure". This sentence means "I assure you that you will like it." Other similar sentences include: "Bāo nǐ méi cuò (I assure you it's no problem.)", "bāo nǐ mǎn yì (I assure you that you will be satisfied.)".

● 练习 Exercises

1. 完成对话。Complete the dialogue.

A: 你 ＿＿＿＿＿？（1）

B: 我在一家外贸公司工作。你呢?

A: ＿＿＿＿＿。你家住哪儿?（2）

B: ＿＿＿＿＿。（3）

A: 你每天怎么上班呢? 是坐公交车还是开车?

B: ＿＿＿＿＿。（4）

A: ＿＿＿＿＿?（5）

B: 不近,少说也得二三十公里。开车大约 40 分钟吧。

2. 用所给的词完成下列句子。Complete the following sentences with the words given below.

平房　城里　学校　郊区　　方便

1）你住的是 ＿＿＿＿ 还是楼房?

2）我住在城里,去哪里都 ＿＿＿＿。

3）我在 ＿＿＿＿ 买的房,那里的房子比城里的便宜。

4）我不喜欢住在 ＿＿＿＿,空气不新鲜。

5）我们小区有超市、医院和 ＿＿＿＿。

Household Facilities

● 必备用语 Key Expressions

nǐ zhù nǎ ge lóu a
你住哪个楼啊？
Which building are you in?

nǐ jiā zài jǐ céng
你家在几层？
Which floor are you on?

diàn tī zài nǎr
电梯在哪儿？
Where is the elevator?

zhè tào fáng zi shì liǎng jū shì
这套房子是两居室。
It's a two-room apartment.

wǒ lǎn de xià lóu le
我懒得下楼了。
I don't want to go downstairs.

zhè shì kè tīng
这是客厅。
This is the sitting room.

nǐ jiā de kè tīng zhēn kuān chǎng
你家的客厅真宽敞。
Your sitting area is spacious.

wǒ jīng cháng duàn liàn shēn tǐ
我经常锻炼身体。
I often do physical exercises.

zhèr de fēng jǐng zhēn měi
这儿的风景真美。
The scenery is very beautiful.

nǐ zhēn qiáng
你真强。
You're great.

● 情景对话 Situational Dialogues

(Today is Saturday. Lin Qing goes to Zhang Ling's home. She
wants to see her house and the surroundings.)

1. 串门 Dropping in
(Lin Qing gets off a bus and calls Zhang Ling.)

lín qīng wèi zhāng líng ma
林青：喂，张玲吗？
Lin Qing: Hello, is that Zhang Ling speaking?

zhāng líng duì nǐ dào nǎr   le
张　玲：对，你到哪儿了？

Zhang Ling: Yes, where are you now?

lín qīng wǒ dào nǐ men xiǎo qū mén kǒu le   nǐ zhù nǎ ge lóu a
林青：我到你们小区门口了。你住哪个楼啊？

Lin Qing: I'm at the entrance of your community. Which building are
　　　　 you in?

zhāng líng wǒ zhù sān hào lóu   jìn dà mén kǒu xiàng yòu zǒu   dì sān dòng
张　玲：我住三号楼。进大门口向右走，第三栋
　　　　 lóu jiù shì   yī dān yuán
　　　　 楼就是，一单元。

Zhang Ling: I'm in Building No. 3 . Walk to the right at the entrance, and
　　　　　　 the third building you see is mine. Please take the first door.

lín qīng   nǐ jiā zài jǐ céng
林青：你家在几层？

Lin Qing: Which floor are you on?

zhāng líng shí èr céng   èr hào nǐ děng zhe wǒ zhè jiù xià lóu qù jiē nǐ
张　玲：12层2号。你等着，我这就下楼去接你。

Zhang Ling: No. 2 on the 12th floor. Please wait for me. I'll go downstairs
　　　　　　 to meet you.

lín qīng bú yòng le   wǒ néng zhǎo dào
林青：不用了，我能找到。

Lin Qing: Don't bother. I can find it.

(They meet downstairs.)

zhāng líng āi ya   nǐ zhōng yú yǒu shí jiān lái le   zěn me yàng   dào wǒ
张　玲：哎呀！你终于有时间来了。怎么样，到我
　　　　 zhèr   hái hǎo zhǎo ba
　　　　 这儿还好找吧？

Zhang Ling: Oh, here you are at last. What do you think? Is it easy to find?

lín qīng   tài hǎo zhǎo le   cóng wǒ jiā chū lai dǎo liǎng cì chē jiù dào le   jīn
林 青：太 好 找 了。从 我 家 出 来 倒 两 次 车 就 到 了。今

　　　　tiān chū mén tè shùn   zuò chē yě bù jǐ   lù shang yě bù sāi chē
　　　　天 出 门 特 顺 ，坐 车 也 不 挤，路 上 也 不 塞 车 。

Lin Qing: Very easy. I changed two buses from my home. I was very lucky
　　　　today. The buses were not crowded, and there was no traffic jam.

zhāng líng   shì a   jīn tiān shì zhōu mò ma   dàn yuàn tiān tiān dōu shì
张 玲：是 啊，今 天 是 周 末 嘛 。但 愿 天 天 都 是

　　　　zhè yàng
　　　　这 样 。

Zhang Ling: Yeah, it's the weekend. I hope everyday is just like this.

lín qīng   diàn tī zài nǎr
林 青：电 梯 在 哪 儿?

Lin Qing: Where is the elevator?

zhāng líng   diàn tī zài nàr
张 玲：电 梯 在 那 儿。

Zhang Ling: It's over there.

词汇 Vocabulary

单元 dān yuán
unit (of a building)

层 céng
floor

下楼 xià lóu
go downstairs

倒车 dǎo chē
transfer; change (buses)

顺 shùn
smooth; lucky; successful

挤 jǐ
crowded

塞车 sāi chē
traffic jam

周末 zhōu mò
weekend

电梯 diàn tī
elevator; lift

Unit 2 Household Facilities

相关用语 Relevant Expressions

走楼梯
zǒu lóu tī / take the stairs

坐电梯
zuò diàn tī / take a lift /
an elevator

我认识路。
wǒ rèn shi lù / I know the way.

向左(右)走
xiàng zuǒ (yòu) zǒu / go
left (right)

前
qián / front

后
hòu / back

2. 漂亮的居室 Elegant Rooms

zhāng líng zhè biān zǒu dào le zhè jiù shì wǒ jiā qǐng jìn
张 玲：这 边 走。到 了。这 就 是 我 家。请 进。

Zhang Ling: This way, please. Here we are. This is my home. Come in, please.

lín qīng yòng huàn xié ma
林 青：用 换 鞋 吗？

Lin Qing: Do I need to change my shoes?

zhāng líng bú yòng jìn lai ba
张 玲：不 用，进 来 吧。

Zhang Ling: No, come in.

lín qīng wā zhè wū zi zhēn piào liang nǐ zhè shì jǐ jū ya
林 青：哇，这 屋 子 真 漂 亮！你 这 是 几 居 呀？

Lin Qing: Whoa, it's really beautiful! How many rooms are there?

zhāng líng zhè tào fáng zi shì liǎng jū shì zhè shì kè tīng zuǒ biān shì
张 玲：这 套 房 子 是 两 居 室。这 是 客 厅，左 边 是
wò shì
卧 室。

Zhang Ling: It's a two-room apartment with a sitting area. This is the sitting room, and this is the bedroom.

lín qīng   zhè ge shì bì chú ba
林 青 ：这 个 是 壁 橱 吧？
Lin Qing: This is a closet, isn't it?

zhāng líng   duì   zhè ge bì chú hěn dà   néng fàng bù shǎo yī fu   bèi zi shén
张 玲 ：对 ，这 个 壁 橱 很 大 ， 能 放 不 少 衣 服 、被 子 什
               me de
               么 的 。
Zhang Ling: Yes. This closet is very big. It can hold a lot of clothes, quilts
               and so on.

lín qīng   zhè ge zuì shí yòng le
林 青 ：这 个 最 实 用 了 。
Lin Qing: That's the most practical.

zhāng líng   zhè shì shū fáng
张 玲 ：这 是 书 房 。
Zhang Ling: This is a room we use as a study.

lín qīng   nǐ men zhèr   shàng wǎng shì yòng kuān dài ma
林 青 ：你 们 这 儿 上 网 是 用 宽 带 吗？
Lin Qing: Do you use broadband to get on the Internet?

zhāng líng   shì   xiǎo qū de kuān dài wǎng   yuè zū fèi wéi   bā shí   yuán
张 玲 ：是 ，小 区 的 宽 带 网 ，月 租 费 为 80 元 。
Zhang Ling: Yes, we use the community broadband, 80 yuan per month.

lín qīng   zhēn pián yi
林 青 ：真 便 宜 。
Lin Qing: That's very cheap.

zhāng líng   zhè shì wèi shēng jiān
张 玲 ：这 是 卫 生 间 。
Zhang Ling: This is the bathroom.

lín qīng   xiǎo qū yǒu rè shuǐ ma
林 青 ：小 区 有 热 水 吗？
Lin Qing: Is there hot water provided in the community?

zhāng líng   méi yǒu   wǒ men yòng diàn rè shuǐ qì
张 玲 ：没 有 ，我 们 用 电 热 水 器 。
Zhang Ling: No. We use an electric water heater.

Unit 2　Household Facilities

lín qīng　chú fáng zài nǎr
林 青：厨 房 在 哪儿？

Lin Qing: Where is the kitchen?

zhāng líng　zài zhèr
张　玲：在 这 儿。

Zhang Ling: here it is.

lín qīng　bù xiǎo　zhēn bú cuò
林 青：不 小 。真 不 错。

Lin Qing: It's not small. Excellent.

词汇 Vocabulary

居室　jū shì
room

书房　shū fáng
study

客厅　kè tīng
sitting room; sitting area

上网　shàng wǎng
go/get on the Internet

卧室　wò shì
bedroom

宽带　kuān dài
broadband

壁橱　bì chú
closet

月租费　yuè zū fèi
monthly rent

衣服　yī fu
clothes

卫生间　wèi shēng jiān
bathroom; toilet

被子　bèi zi
quilt

热水器　rè shuǐ qì
water heater

实用　shí yòng
practical

厨房　chú fáng
kitchen

相关用语 Relevant Expressions

地板
dì bǎn / (wooden) floor

床
chuáng / bed

衣柜 yī guì / wardrobe	电脑 diàn nǎo / computer
书柜 shū guì / bookshelf	电视 diàn shì / TV set; television

3. 这儿的风景真美 The Scenery is Very Beautiful.

lín qīng   nǐ jiā de kè tīng zhēn kuān chǎng   yǒu duō dà
林青：你家的客厅真宽敞，有多大？

Lin Qing: Your sitting area is spacious. How big is it?

zhāng líng   èr shí bā   píng fāng mǐ   yīn wèi wǒ men de yáng tái yǔ kè tīng shì
张玲：28   平方米。因为我们的阳台与客厅是

dǎ tōng de suǒ yǐ shì yě bǐ jiào kāi kuò   lái kàn kan
打通的，所以视野比较开阔。来看看。

Zhang Ling: It's 28 square meters. We connect the balcony with the sitting
area by breaking down the wall, so it looks more spacious.
Come and have a look.

lín qīng   ò zhèr   de fēng jǐng zhēn měi   qián mian jiù shì nǐ shuō de gōng
林青：哦，这儿的风景真美。前面就是你说的公

yuán ba yǒu hěn duō shù   hái yǒu yì tiáo xiǎo hé
园吧，有很多树，还有一条小河。

Lin Qing: Oh, the scenery is very beautiful. That is the park you said
earlier, and there are lots of trees and a stream.

zhāng líng   duì ya   nǐ shuō de yì diǎn dōu bú cuò   wǒ jīng cháng zài zhè li
张玲：对呀！你说得一点都不错。我经常在这里

duàn liàn shēn tǐ   qiáo zhè shì wǒ mǎi de pǎo bù jī
锻炼身体。瞧，这是我买的跑步机。

Zhang Ling: Yes, you are absolutely right. I often do physical exercises
here. Look, this is the running machine I bought.

lín qīng gàn má yòng zhè ge duō cǐ yì jǔ zhè me hǎo de fēng jǐng hé bù qù
林 青：干吗 用 这个？多 此 一 举。这么 好 的 风 景，何 不 去

wài mian gōng yuán pǎo bù hū xī xīn xiān kōng qì
外 面 公 园 跑步，呼 吸 新 鲜 空 气？

Lin Qing: Why do you use this? You're holding a candle to the sun.
You've got such beautiful scenery here. Why don't you run
outside in the park and breathe the fresh air?

zhāng líng wǒ zhè rén yì huí dào jiā jiù lǎn de xià lóu le xiǎng qǐ lai jiù dào
张 玲：我 这 人 一 回 到 家 就 懒得 下 楼 了， 想 起 来 就 到

zhèr pǎo yí huìr dé le huí wū zuò ba
这 儿 跑 一 会 儿 得了。回 屋 坐 吧。

Zhang Ling: I don't want to go downstairs as soon as I get home. If I feel
for it, I'd run on it right here. Come inside and sit down.

lín qīng nǐ jiā bù zhì de zhēn hǎo wǒ xǐ huan nǐ zhè ge chuāng lián hái yǒu
林 青：你 家 布 置 得 真 好。我 喜 欢 你 这 个 窗 帘，还 有

nà ge dà shā fā diào dēng yě hěn hǎo kàn
那 个 大 沙 发。吊 灯 也 很 好 看。

Lin Qing: Your home is well-furnished. I like your curtains and that big
sofa. The pendant lamp is pretty, too.

zhāng líng zhè xiē dōu shì wǒ zì jǐ shè jì qīn zì qù jiā jù chéng tiāo
张 玲： 这 些 都 是 我 自 己 设 计，亲 自 去 家 具 城 挑

xuǎn de
选 的。

Zhang Ling: I designed the refurbishing plan, and went shopping in the
furniture shopping mall myself.

lín qīng nǐ zhēn qiáng zhè me dà de fáng zi shōu shi qǐ lai yí dìng hěn
林 青：你 真 强 。这 么 大 的 房 子，收 拾 起 来 一 定 很

má fan
麻 烦。

Lin Qing: You're great. You've got such a big house and it must be very
troublesome to tidy it up.

zhāng líng   shì de   bú guò   wǒ huì qǐng xiǎo shí gōng lái dǎ sǎo   měi zhōu
张　玲：是 的。不 过，我 会 请 小 时 工 来 打 扫。每 周

yí cì
一 次。

Zhang Ling: Yes. But I pay a cleaner on a hourly basis to clean it, once
a week.

lín qīng   nà jiù hǎo duō le   fǒu zé zhè me duō huór   kě gòu nǐ shòu de
林 青：那 就 好 多 了，否 则 这 么 多 活 儿 可 够 你 受 的。

Lin Qing: That would be much better, otherwise it would be a lot of work
for you.

zhāng líng   kě bú shì ma
张　玲：可 不 是 嘛！

Zhang Ling: You bet.

词汇 Vocabulary

宽敞 kuān chǎng
spacious

朝南 cháo nán
face south

阳台 yáng tái
balcony

风景 fēng jǐng
scenery

锻炼身体 duàn liàn shēn tǐ
do physical exercise

跑步机 pǎo bù jī
running machine

呼吸 hū xī
breathe

懒 lǎn
lazy

布置 bù zhì
furnish

窗帘 chuāng lián
curtian

沙发 shā fā
sofa

吊灯 diào dēng
pendant lamp

设计 shè jì
design

家具城 jiā jù chéng
furniture shopping mall

收拾 shōu shi
tidy up

麻烦 má fan
troublesome

相关用语 Relevant Expressions

台灯
tái dēng / desk lamp

茶几
chá jī / tea table

窗户
chuāng hu / window

空调
kōng tiáo / air conditioner

语言文化小贴士
Language Tips

pèng dào
1.　碰　到

该词含有两个意思。第一个指"遇到、碰见",如例1;第二个意思指突然接触到某物,如例2。

It has two meanings: 1. meet, encounter, meet with; 2. touch or knock something suddenly.

例1:我在街上碰到一个熟人。

I met an acquaintance in the street.

我在街上碰到一个熟人。

那是谁呢？

例 2：我的手碰到了他的头。

My hand touched his head.

gàn má
2. 干 吗

这是口语词，有两种用法。1.用在句首时表示"为什么"，如"干吗不进去？"。注意在这种句子中往往省略了主语"你"。 2.在单独使用或用在句尾时则表示"干什么"，如"你今儿下午干吗？"

It's a word used in the spoken language. It has two usages. 1. It is used at the beginning of a sentence, meaning "why", for example, "Why not come in?" Often in this kind of sentences the subject "you" are omitted. 2. It is also used at the end of a sentence, meaning "what", for example, "What are you going to do this afternoon?"

duō cǐ yì jǔ
3. 多 此 一举

表示没有必要这么做，或多余这么做。

It refers to doing something is unnecessary, or is waste of time.

kě bú shì ma
4. 可不是 嘛

意思是对别人说的话表示赞同，句末声调用降调。

It means "agree to what one says," with a falling tone at the end.

shén me de
5. 什 么 的

这是口语中常用的省略用法，表示"……之类"的意思。

This is an expression commonly used in spoken language to take the place of the following words, similar to "etc, and so on".

● 练习 **Exercises**

1. 完成对话。Complete the dialogue.

　　1）A: 我到你们小区门口了。_____?

　　　 B: 我住三号楼。

　　2）A: _____?

　　　 B: 12 层。

　　3）A: 电梯在哪儿?

　　　 B: _____。

　　4）A: 这套房子是几居室呀?

　　　 B: _____。

　　5）A: 小区有热水吗?

　　　 B: _____。

2. 请用所给的词介绍你的家。Describe your home with the words given below.

　　　　客厅　　卧室　　壁橱　　卫生间　　厨房
　　　　阳台　　宽带　　小区　　风景　　小河

Father's Birthday

UNIT 3

爸爸的生日

● 必备用语 Key Expressions

xiǎng sǐ nǐ le
想 死你了。

Miss you so much.

zhè jiù lái
这 就来。

I'm coming.

nín máng shén me ne
您 忙 什 么呢?

What are you doing?

jìn lái hái hǎo ba
近来还 好 吧?

How are you getting on?

zhǎng de tǐng jīng shen
长 得挺 精 神

look very impressive

zhǎng de xiàng mā ma
长 得 像 妈妈

look more like Mom

jiě jie chán
解解 馋

satisfy a craving for delicious food

yuè huó yuè nián qīng
越 活越 年 轻

become younger and younger

● 情景对话 Situational Dialogues

(Today is Lin Qing's father's 60th birthday. Lin Qing and her husband, Zhao Ran, return to her parents' home to celebrate her father's birthday.)

1. 回家 Returning Home

lín qīng mā ma wǒ huí lai le
林青:妈妈,我回来了。

Lin Qing: Mom, I'm back.

mā ma qīng qing mā ma dōu xiǎng sǐ nǐ le
妈妈:青青,妈妈都想死你了。

Mother: Qingqing, Mom missed you so much.

26

lín qīng   mā   wǒ lǎo bà ne   wǒ gěi tā mǎi le yí ge dà dàn gāo
林 青 : 妈 , 我 老 爸 呢 ? 我 给 他 买 了 一 个 大 蛋 糕 。

Lin Qing: Mom, where is my daddy? I bought him a big cake.

mā ma   lǎo tóu zi   kuài chū lai   nǐ nǚ ér hé nǚ xù dōu huí lai le
妈 妈 : 老 头 子 , 快 出 来 , 你 女 儿 和 女 婿 都 回 来 了 。

Mother: Old hubby, come out quickly. Your daughter and son-in-law are
        here.

bà ba   ài   zhè jiù lái   bào zhe yì běn dà xiàng cè cóng shū fáng zǒu chū lai
爸 爸 : 哎 , 这 就 来 。(抱 着 一 本 大 相 册 从 书 房 走 出 来)

Father: Oh, I'm coming. (carrying a big and thick photo album.)

zhào rán   bà ba   nín máng shén me ne   jìn lái hái hǎo ba
赵 然 : 爸 爸 , 您 忙 什 么 呢 ? 近 来 还 好 吧 ?

Zhao Ran: Father, what are you doing? How are you getting on?

bà ba   hǎo jí le   qiáo   wǒ zhèng zài zhěng lǐ zhè xiē zhào piàn ne
爸 爸 : 好 极 了 。瞧 , 我 正 在 整 理 这 些 照 片 呢 !

Father: Couldn't be better. Look, I'm putting these pictures in order.

lín qīng   zhěng lǐ tā gàn shén me ya
林 青 : 整 理 它 干 什 么 呀 ?

Lin Qing: What for?

mā ma   hāi   nǐ men bù zhī dào rén yuè lǎo jiù yuè huái jiù ma
妈 妈 : 咳 , 你 们 不 知 道 人 越 老 就 越 怀 旧 吗 ?

Mother: Well, don't you know that people tend to be more nostalgic for the
        past when they get older?

词汇 Vocabulary

蛋糕 dàn gāo
cake

女儿 nǚ ér
daughter

女婿 nǚ xù
son-in-law

相册 xiàng cè
photo album

整理 zhěng lǐ
put in order; arrange

照片 zhào piàn
photo; picture

怀旧 huái jiù
recall past events or old friends; be nostalgic for old times or friends

相关用语 Relevant Expressions

回娘家
huí niáng jia / (of a married woman) visit her parents

看父母
kàn fù mǔ / visit / see parents

想家
xiǎng jiā / be homesick

收拾东西
shōu shi dōng xi / tidy things up

2. 看照片 Looking at Photos

林青：我瞧瞧，这都是什么时候的照片啊？唉哟，这张都发黄了。

Lin Qing: Let me have a look. When were these photos taken? Oho, this one has turned yellow.

妈妈：这些都是老照片了。这张是你父亲年轻时候的，长得挺精神的吧？

Mother: These are all old photos. This one is your father when he was young. He looks very impressive, doesn't he?

赵然：没错，放在现在也能称得上是帅哥了。

Zhao Ran: True. If he were young today, he would be considered a handsome young man.

bàba　nà dāngrán le　yào bu nǐ mā zěnme kàn shàng wǒ le ne
爸爸：那 当 然 了，要 不 你 妈 怎 么 看 上 我 了 呢？

Father: Of course, otherwise how could your mother take a fancy to me?

māma　nǐ ya　shuō nǐ pàng　nǐ jiù chuǎn
妈妈：你 呀，说 你 胖，你 就 喘 。

Mother: You really can't stand being flattered.

zhào rán　bà　zhè liǎng wèi shì shuí ya
赵 然：爸，这 两 位 是 谁 呀？

Zhao Ran: Dad, who are these two?

bàba　zhè shì nǐ hé lín qīng de yé ye hé nǎi nai　wǒ de fù qin hé mǔ qin
爸爸：这 是 你 和 林 青 的 爷 爷 和 奶 奶 ， 我 的 父 亲 和 母 亲 。

Father: This is your grandpa, and this is your grandma. They are my parents.

zhào rán　mā　zhè li yǒu nín nián qīng shí de zhào piàn ma
赵 然：妈，这 里 有 您 年 轻 时 的 照 片 吗？

Zhao Ran: Mom, is there a picture of you when you were young?

māma　dāngrán yǒu le　zhè ge jiù shì　shū dà biàn zi de jiù shì wǒ　zhè ge shì
妈妈：当 然 有 了。这 个 就 是。梳 大 辫 子 的 就 是 我 ，这 个 是
　　　　nǐ men de lǎo lao hé nǐ lǎo ye
　　　　你 们 的 姥 姥 和 你 姥 爷。

Mother: Of course. This one is. The one with long braids is me. This is
　　　　my father, and my mother.

zhào rán　lín qīng　nǐ kàn duō yǒu yì si ya
赵 然：林 青 ，你 看 多 有 意 思 呀！

Zhao Ran: Lin Qing, look, how interesting!

bàba　qīng qing　nǐ kàn　zhè zhāng shì zán men jiā de quán jiā fú　nǐ jiě jie
爸爸：青 青 ，你 看 ，这 张 是 咱 们 家 的 全 家 福，你 姐 姐
　　　　chū guó qián zhào de
　　　　出 国 前 照 的。

Father: Qingqing, look. This one is a photo of our family. It was taken
　　　　before your sister went abroad.

zhào rán　qīng qing zhǎng de xiàng shuí　yīng gāi xiàng bà ba ba　duì ma
赵 然：青 青 长 得 像 谁？应 该 像 爸爸吧，对 吗？

Zhao Ran: Who does Qingqing look like? She should look like her father,
　　　　shouldn't she?

lín qīng　wǒ jué de shì　jiě jie zhǎng de xiàng mā ma　zhēn dòu　píng héng le
林 青：我 觉 得 是，姐姐 长 得 像 妈妈。真 逗，平 衡 了。

Lin Qing: I think so. My sister looks more like Mom. It's funny. It's
　　　　balanced now.

词汇 Vocabulary

发黄 fā huáng
turn yellow

父亲 fù qin
father

帅哥 shuài gē
handsome young man

爷爷 yé ye
grandfather; one's father's
father

奶奶 nǎi nai
grandmother; one's father's
mother

年轻 nián qīng
young

辫子 biàn zi
plait; braids; pigtail

姥姥 lǎo lao
grandmother; one's mother's
mother

姥爷 lǎo ye
grandfather; one's mother's
father

全家福 quán jiā fú
a photo of the whole family

姐姐 jiě jie
sister

母亲 mǔ qin
mother

平衡 píng héng
balance

相关用语 Relevant Expressions

看不上
kàn bú shàng / look down upon

长得丑
zhǎng de chǒu / look ugly

他长得谁也不像。
tā zhǎng de shuí yě bú xiàng /
He doesn't look like anyone.

新拍的照片
xīn pāi de zhào piàn / a newly
taken photo

长得好看
zhǎng de hǎo kàn / look good

弟弟
dì di / younger brother

妹妹
mèi mei / younger sister

3. 过生日 Birthday Celebration

lín qīng　mā　wǒ men kāi shǐ gěi bà ba guò shēng rì ba
林 青 : 妈 , 我 们 开 始 给 爸 爸 过 生 日 吧 。

Lin Qing: Mom, let's celebrate my father's birthday, shall we?

mā ma　hǎo　wǒ jiù qù zhǔ miàn tiáo　zán men jīn tiān gěi nǐ bà ba chī
妈 妈 : 好 , 我 就 去 煮 面 条 , 咱 们 今 天 给 你 爸 爸 吃

cháng shòu miàn
长 寿 面 。

Mother: OK. I'll go to cook the noodles. We'll treat your dad with longevity noodles today.

lín qīng　shén me shí hou chī dàn gāo ne
林 青 : 什 么 时 候 吃 蛋 糕 呢 ?

Lin Qing: When will we eat the cake?

mā ma　děng chī wán miàn tiáo zài chī ba
妈 妈 : 等 吃 完 面 条 再 吃 吧 。

Mother: Wait till we eat the noodles.

zhào rán　wǒ men mǎi de shì bīng jī líng dàn gāo
赵 然 : 我 们 买 的 是 冰 激 凌 蛋 糕 。

Zhao Ran: We bought an ice-cream cake.

lín qīng　ā　wǒ dōu rěn bu zhù le　zhēn xiǎng tōu chī diǎn　jiě jie chán
林 青 : 啊 , 我 都 忍 不 住 了 , 真 想 偷 吃 点 , 解 解 馋 。

Lin Qing: Ah, I can't bear it anymore. I really want to take some on the sly to satisfy my craving for it.

māma   zhēn méi chū xi   zhè me dà le   hái xiàng ge hái zi shì de
妈妈：真 没 出 息，这 么 大 了，还 像 个 孩 子 似 的。

Mother: You are really good-for-nothing. You're an adult, but still act like
a child.

lín qīng   nà wǒ jiù xiān zhù lǎo bà fú rú dōng hǎi   shòu bǐ nán shān   yuè huó
林 青：那 我 就 先 祝 老 爸 福 如 东 海，寿 比 南 山，越 活
yuè nián qīng
越 年 轻。

Lin Qing: Well, then I'll first wish boundless happiness and a long life for
dad, and hope he'll become younger and younger.

bà ba   xiè xie wǒ zhè ge xiào shùn nǚ ér   wǒ yě zhù nǐ zǎo rì gěi wǒ shēng ge
爸爸：谢 谢 我 这 个 孝 顺 女 儿。我 也 祝 你 早 日 给 我 生 个
wài sūn zi huò wài sūn nǚ
外 孙 子 或 外 孙 女。

Father: Thank you my filial daughter. I also hope you give me a grandson
or granddaughter soon.

māma   shì a   nǐ yě lǎo dà bù xiǎo de le   gāi kǎo lù le
妈妈：是 啊，你 也 老 大 不 小 的 了，该 考 虑 了。

Mother: Yeah, you are not young anymore, and you should put that into
consideration.

lín qīng   chéng   jiù zhè me dìng le   míng tiān jiù gěi nǐ men shēng yí ge
林 青：成 ，就 这 么 定 了，明 天 就 给 你 们 生 一 个。

Lin Qing: OK. That's settled. I'll give you one tomorrow.

(All laugh.)

词汇 Vocabulary

煮面条 zhǔ miàn tiáo	长寿面 cháng shòu miàn
boil noodles	longevity noodles

冰激凌 bīng jī líng ice-cream	孝顺 xiào shùn filial piety
蛋糕 dàn gāo cake	外孙子 wài sūn zi grandson; one's daughter's son
解馋 jiě chán satisfy a craving for delicious food	外孙女 wài sūn nǚ granddaughter; one's daughter's daughter
没出息 méi chū xi good-for-nothing	考虑 kǎo lù consider

相关用语 Relevant Expressions

孙子 sūn zi / grandson; one's son's son	儿子 ér zi / son
孙女 sūn nǚ / granddaughter; one's son's daughter	儿媳妇 ér xí fù / daughter-in-law
	女婿 nǚ xù / son-in-law

语言文化小贴士 Language Tips

1. 想 死你了
   xiǎng sǐ nǐ le

   "死"表示"达到极点"的意思。常用在动词或形容词的后面。

   Here "sǐ" means "extremely, to death". It is often used after a verb or adjective.

   例：你怎么才来呀？我都快急死了。电影都开演了。

   Why did you come so late? I'm almost worried to death. The film has started.

33

lǎo tóu zi
2. 老头子

年长的妻子对其丈夫的亲切称呼。

Old hubby, an intimate address of an old woman to her husband.

shuō nǐ pàng nǐ jiù chuǎn
3. 说 你 胖 , 你 就 喘

指经不起别人的夸奖。

It refers to one who can't bear or stand others' flattery.

cháng shòu miàn
4. 长 寿 面

中国人在过生日时有吃面条的习俗，借用长长的面条来祝福长寿。

Chinese people tend to eat noodles on their birthdays. Noodles usually are very long, so people use them to indicate their life may be as long as the noodles. Eating noodles on birthdays is a good wish for a long life. Therefore, the noodles eaten on birthdays are called "longevity noodles".

fú rú dōng hǎi   shòu bǐ nán shān
5. 福如 东 海，寿 比 南 山

用做对老人的祝福。

It's an auspicious greeting to elderly people on their birthdays, meaning "wish sb boundless happiness and a long, long life".

● 练习 **Exercises**

1. 根据你的实际情况完成下列对话。Complete the dialogues according to your actual condition.

　1）A: 你忙什么呢?

　　 B: 我正在 ＿＿＿＿＿＿。

　2）A: 你近来还好吧?

　　 B: ＿＿＿＿＿＿。

　3）A: 你长得像谁,是妈妈还是爸爸?

　　 B: 我觉得 ＿＿＿＿＿＿。

　4) A: 过生日时,你是什么时候吃蛋糕呢?

　　 B: ＿＿＿＿＿＿。

2. 请你介绍一下你的家庭情况。Please tell us something about your family.

Daily Activities

UNIT 4

● 必备用语 Key Expressions

gāi qǐ chuáng le
该 起 床 了!
It's time to get up.

wǒ xiǎng zài shuì huìr
我 想 再 睡 会 儿。
I want to sleep more.

shí jiān bù zǎo le
时 间 不 早 了。
You don't have much time.

yá gāo kuài yòng wán le
牙膏 快 用 完 了。
The toothpaste is running out.

wǒ zài chōng zǎo
我 在 冲 澡。
I'm taking a shower.

bié mó mó cèng cèng de
别 磨 磨 蹭 蹭 的。
Don't loiter.

biē bú zhù le
憋 不 住 了。
I can't hold back.

shuǐ guǎn huài le
水 管 坏 了。
The water pipe is broken.

kuài guān shuǐ lóng tóu
快 关 水 龙 头。
Close the water faucet quickly.

má lì diǎnr
麻 利 点 儿!
Be quick.

● 情景对话 Situational Dialogues

(Today is Wednesday. Lin Qing and Zhao Ran get up for work as usual.)

1. 该起床了! It's Time to Get up.

(The alarm rings.)

lín qīng lǎo gōng gāi qǐ chuáng le
林 青:老 公,该 起 床 了!
Lin Qing: Hubby, it's time to get up.

36

zhào rán wǒ xiǎng zài shuì huìr   kùn zhe ne
赵 然：我 想 再 睡 会 儿。困 着 呢！

Zhao Ran: I want to sleep more. I'm still sleepy.

lín qīng jiào nǐ zǎo diǎn shuì kě nǐ bù tīng wǒ de
林 青：叫 你 早 点 睡，可 你 不 听 我 的。

Lin Qing: I asked you to go to bed early, but you didn't.

(Lin Qing goes to brush her teeth. A few minutes later...)

lín qīng āi ya   nǐ zěn me hái bù qǐ ya shí jiān bù zǎo le
林 青：哎 呀！你 怎 么 还 不 起 呀！时 间 不 早 了。

Lin Qing: Oho, how come you haven't got up? You don't have much time.

zhào rán wǒ xiǎng zài tǎng huìr
赵 然：我 想 再 躺 会 儿。

Zhao Ran: I want to lie in bed for a while.

lín qīng bù xíng zài tǎng shàng bān jiù yào chí dào le
林 青：不 行，再 躺 上 班 就 要 迟 到 了。

Lin Qing: No, you'd be late for work if you lie in bed any more.

(Zhao Ran gets out of bed reluctantly and goes into the bathroom.)

zhào rán lǎo po yá gāo zài nǎr
赵 然：老 婆，牙 膏 在 哪 儿？

Zhao Ran: Darling, where's the toothpaste?

lín qīng ò zài wǒ de shù kǒu bēi li
林 青：哦，在 我 的 漱 口 杯 里。

Lin Qing: Oh, it's in my tooth mug.

zhào rán yá gāo kuài yòng wán le nǐ xiǎng zhe xià bān mǎi yo
赵 然：牙 膏 快 用 完 了，你 想 着 下 班 买 哟。

Zhao Ran: The toothpaste is running out. Remember to buy some after work.

lín qīng hǎo de wǒ zhī dào le
林 青：好 的，我 知 道 了。

Lin Qing: OK. I know.

Daily Life Talk

词汇 Vocabulary

起床 qǐ chuáng
get up

睡 shuì
sleep

困 kùn
sleepy

刷牙 shuā yá
brush one's teeth

躺 tǎng
lie

牙膏 yá gāo
toothpaste

漱口杯 shù kǒu bēi
tooth mug; glass or mug for mouth-rinsing or teeth-cleaning

买 mǎi
buy

相关用语 Relevant Expressions

上床
shàng chuáng / go to bed

牙刷
yá shuā / toothbrush

洗漱
xǐ shù / face-washing and mouth-rinsing

醒一醒
xǐng yì xǐng / wake up

刮胡子
guā hú zi / shave

我起来了。
wǒ qǐ lai le / I'm up.

2. 卫生间"大战" A "Fight" in the Bathroom

zhào rán   kuài diǎnr   chū lai   wǒ yào shàng cè suǒ
赵 然：快 点 儿 出 来，我 要 上 厕 所。

Zhao Ran: Be quick. I want to use the toilet.

lín qīng   hǎo   zhè jiù wán
林 青：好，这 就 完。

Lin Qing: OK. I'm through.

zhào rán   nǐ gàn má ne   shàng wán le méi yǒu
赵 然：你 干 吗 呢？ 上 完 了 没 有？

Zhao Ran: What are you doing? Have you finished?

lín qīng   wǒ zài chōng zǎo
林 青：我 在 冲 澡 。

Lin Qing: I'm taking a shower.

zhào rán   bié zǒng zhàn zhe wèi shēng jiān hǎo bu hǎo
赵 然：别 总 占 着 卫 生 间 好 不 好？

Zhao Ran: Don't hog the bathroom, would you?

lín qīng   nǐ yào gàn shén me
林 青：你 要 干 什 么？

Lin Qing: What are you up to?

zhào rán   wǒ yào guā hú zi   jīn tiān xià wǔ yǒu huó dòng
赵 然：我 要 刮 胡 子，今 天 下 午 有 活 动 。

Zhao Ran: I want to shave because I have an activity this afternoon.

lín qīng   gěi nǐ tì xū dāo   dào kè tīng guā qu   wǒ mǎ shàng jiù xǐ wán le
林 青：给 你 剃 须 刀 ，到 客 厅 刮 去。我 马 上 就 洗 完 了。

Lin Qing: Here is your razor. Go to shave in the sitting room. I'll be through right away.

zhào rán   kuài diǎnr   bié mó mó cèng cèng de   fǒu zé wǒ jiù lái bu jí le
赵 然：快 点 儿！别 磨 磨 蹭 蹭 的，否 则 我 就 来 不 及 了。

Zhao Ran: Hurry up! Don't loiter, otherwise I won't have time.

lín qīng   shuí jiào nǐ bù zǎo diǎn qǐ ne   zhè huìr   zháo jí le
林 青：谁 叫 你 不 早 点 起 呢？这 会 儿 着 急 了。

Lin Qing: Why didn't you get up earlier? Now you're in a hurry.

zhào rán   wǒ bú shì shuō shàng bān lái bu jí   wǒ   wǒ shì yào dà biàn
赵 然：我 不 是 说 上 班 来 不 及，我 …… 我 是 要 大 便 。

　　　　　āi yō   biē bu zhù le
　　　　　哎 哟！憋 不 住 了。

Zhao Ran: I didn't say I would be late for work. I... I want to make a bowel movement. Oh, I can't wait anymore.

lín qīng   hǎo le hǎo le   nǐ kuài lái ba
林 青 ：好 了 好 了 ，你 快 来 吧 ！

Lin Qing: Alright, alright. Come in quickly.

词汇 Vocabulary

厕所 cè suǒ
toilet

冲澡 chōng zǎo
take a shower

胡子 hú zi
beard; mustache

剃须刀 tì xū dāo
shaver

磨磨蹭蹭 mó mó cèng cèng
dawdle; loiter

大便 dà biàn
make a bowel movement

憋 biē
hold back

相关用语 Relevant Expressions

洗澡
xǐ zǎo / have a bath; take
a shower

洗头
xǐ tóu / wash head

梳头
shū tóu / comb one's hair

梳子
shū zi / comb

刮脸
guā liǎn / shave

毛巾
máo jīn / towel

浴液
yù yè / lotion

洗发水
xǐ fà shuǐ / shampoo

护发素
hù fà sù / conditioner

面霜
miàn shuāng / cream

小便
xiǎo biàn / urinate

卫生纸
wèi shēng zhǐ / toilet paper

3. 不争气的马桶 A Disappointing Toilet

zhào rán　xiàn zài kě shū fu le　gāng cái méi bǎ wǒ gěi jí sǐ　　yòng lì
赵　然：现 在 可 舒 服 了，刚 才 没 把 我 给 急 死。(用 力

　　　　chōng shuǐ
　　　　冲　水)

Zhao Ran: Now I'm comfortable. I could not wait for one more moment

　　　　just now. (flushing the toilet hard)

lín qīng　nǎr　de shuǐ huā huā de liú ne
林 青：哪儿的 水 哗 哗 地 流 呢?

Lin Qing: Is there water running somewhere?

zhào rán　shì mǎ tǒng　gāng cái chōng cè suǒ lái zhe
赵 然：是马 桶，刚 才 冲 厕 所 来 着。

Zhao Ran: It's the toilet. I was flushing the toilet.

lín qīng　bú duì　zěn me zhè huìr　hái zài chōng a　qù kàn kan
林 青：不对，怎 么 这 会儿还 在 冲 啊?去 看 看。

Lin Qing: Can't be. How come it's still flushing? Go and check it.

zhào rán　āi yō　pǎo shuǐ le　shuǐ guǎn huài le
赵 然：哎哟，跑 水 了。水 管 坏 了。

Zhao Ran: Oh, it's flooding. The water pipe is broken.

lín qīng　kuài guān shuǐ lóng tóu
林 青：快 关 水 龙 头。

Lin Qing: Close the water faucet quickly.

zhào rán　bù xíng　bù guǎn yòng
赵 然：不 行，不 管 用。

Zhao Ran: No way. It's useless.

lín qīng　nà jiù gǎn jǐn guān fá mén
林 青：那就 赶 紧 关 阀 门。

Lin Qing: Well, turn off the valve.

zhào rán fá mén zài nǎr
赵 然：阀 门 在 哪 儿?

Zhao Ran: Where is the valve?

lín qīng zài shuǐ chí xià mian
林 青：在 水 池 下 面 。

Lin Qing: Under the basin.

zhào rán bú duì bú shì zhè ge
赵 然：不 对，不 是 这 个。

Zhao Ran: No, not this one.

lín qīng nà jiù shì zài shuǐ xiāng xià mian
林 青：那 就 是 在 水 箱 下 面 。

Lin Qing: It's under the tank then.

zhào rán gěi wǒ ná ge bān zi lái wǒ nǐng bú dòng
赵 然：给 我 拿 个 扳 子 来，我 拧 不 动 。

Zhao Ran: Give me a wrench. I can't screw it.

lín qīng hǎo de
林 青：好 的。

Lin Qing: OK.

zhào rán má lì diǎnr
赵 然：麻 利 点 儿!

Zhao Ran: Hurry up! Be quick.

lín qīng lái le gěi nǐ
林 青：来 了! 给 你。

Lin Qing: I'm coming. Here you are.

zhào rán wǒ de mā ya kě guān shàng le nòng de wǒ yì shēn hàn
赵 然：我 的 妈 呀! 可 关 上 了，弄 得 我 一 身 汗 。

Zhao Ran: Oh, my goodness! Done! I'm sweating all over.

línqīng a
林 青 : 啊!

Lin Qing: Ah!

词汇 Vocabulary

舒服 shū fu
comfortable

马桶 mǎ tǒng
toilet, closestool

厕所 cè suǒ
toilet

跑水 pǎo shuǐ
water leak

水管 shuǐ guǎn
water pipe

水龙头 shuǐ lóng tóu
water faucet

阀门 fá mén
valve

水池 shuǐ chí
basin

水箱 shuǐ xiāng
water tank

扳子 bān zi
spanner; wrench

拧 nǐng
screw

相关用语 Relevant Expressions

发(大)水了。
fā (dà) shuǐ le / It floods.

水箱坏了。
shuǐ xiāng huài le / The tank is broken.

裂
liè / break; be broken

漏水
lòu shuǐ / leak

喷头
pēn tóu / shower nozzle; shower head

下水道堵了。
xià shuǐ dào dǔ le / The sewer is blocked up.

水管破了。
shuǐ guǎn pò le / The water pipe is broken.

语言文化小贴士
Language Tips

gāi qǐ chuáng le
1. 该 起 床 了

"该……了"是一个常用句型,表示"到了……的时候了,"如该吃饭了,该洗澡了,该上班了等。

"Gāi...le" (It's time to...) is a commonly used sentence structure. It means "it's time for something." For example, "Gāi chī fàn le (It's time for meals.)", "Gāi xǐ zǎo le (It's time for shower.)", "Gāi shàng bān le(It's time for work.)".

xiǎng zhe
2. 想 着

意思是记着、记住、别忘了做某事。It means not to forget, or remember.

例1:你见到他时,想着代我向他问声好。

When you see him, please remember to say hello to him for me.

例2:走的时候想着关灯。

Don't forget to turn off the light when you leave.

● 练习 Exercises

1. Match

起床	toilet
困	sleep
马桶	lie
刷牙	brush one's teeth
躺	get up
睡	sleepy
牙膏	water faucet
冲澡	take a shower
跑水	water leak
水龙头	toothpaste

2. 说一说你每天早晨起床后都做什么。Please tell about what you usually do when you get up every day.

Doing Housework

做家务 UNIT 5

● 必备用语 Key Expressions

zán men dǎ sǎo fáng jiān ba
咱 们 打 扫 房 间 吧。

Let's clean the house.

wǒ tīng nǐ de
我 听 你 的。

I'll listen to you.

cā zhuō zi
擦 桌 子

wipe the table

shuō de qīng sōng
说 得 轻 松。

It's easier said than done.

bǎ zāng yī fu dōu fàng jìn xǐ yī jī
把 脏 衣 服 都 放 进 洗 衣 机

put all dirty clothes into the
washing machine

bié xiā fàng
别 瞎 放。

Don't put them without sorting out.

gěi wǒ ná yī jià lái
给 我 拿 衣 架 来。

Get some hangers for me.

xiǎo xīn diǎnr
小 心 点 儿。

Be careful.

nǐ xiǎng chī diǎnr shén me
你 想 吃 点 儿 什 么?

What would you like to eat?

fàn yí huìr jiù hǎo
饭 一 会 儿 就 好。

Lunch will be ready soon.

● 情景对话 Situational Dialogues

(Today is Saturday. Lin Qing and Zhao Ran are tidying up their home.)

1. 打扫房间 Cleaning the House

lín qīng jīn tiān de tiān qì zhēn hǎo zán men dǎ sǎo fáng jiān ba
林 青:今 天 的 天 气 真 好! 咱 们 打 扫 房 间 吧。

Lin Qing: It's such a fine day today. Let's clean the house.

46

zhào rán xíng wǒ tīng nǐ de nǐ fēn fù ba
赵 然：行，我 听 你 的。你 吩 咐 吧。

Zhao Ran: All right. I'll listen to you and do what you order.

lín qīng nǐ qù bǎ yáng tái de chuāng hu cā ca wū zi li de dì sǎo sao wǒ cā
林 青：你去把 阳 台 的 窗 户 擦擦，屋 子里 的 地 扫 扫。我 擦

zhuō zi hé jiā jù
桌 子和家具。

Lin Qing: Go to clean the windows on the balcony, and sweep the floor of
the room. I'll wipe the tables and furniture.

(Half an hour later)

zhào rán chuāng hu cā hǎo le dì yě sǎo wán le hái gàn má
赵 然： 窗 户 擦 好 了，地 也 扫 完 了，还 干 吗？

Zhao Ran: The windows have been cleaned, and the floor has been swept.
What else?

lín qīng bǎ wèi shēng jiān de dì hé qiáng shang de cí zhuān chōng chong
林 青：把卫 生 间 的 地 和 墙 上 的 瓷 砖 冲 冲，

zài shuā yí xià mǎ tǒng
再 刷 一 下 马 桶。

Lin Qing: Wash the tiles on the wall and the floor of the bathroom, and
then clean the toilet.

zhào rán zhè me duō huór ya hái bù rú zhǎo ge xiǎo shí gōng lái zuò ne
赵 然：这 么 多 活 儿 呀？还 不 如 找 个 小 时 工 来 做 呢？

Zhao Ran: So much work? Why don't we pay a cleaner here to do this?

lín qīng zì jǐ gàn de tā shi qǐng rén lái zuò rú guǒ zuò bù hǎo nǐ yě méi
林 青：自 己 干 得 踏 实。请 人 来 做，如 果 做 不 好，你 也 没

pí qi
脾气。

Lin Qing: I feel I'm at ease if we do it ourselves. If we ask someone else to do it, and the work is not well done, you can't do anything about it.

zhào rán zhè hǎo bàn zuò bù hǎo bù gěi gōng qián bú jiù dé le
赵 然：这 好 办，做 不 好，不 给 工 钱 不 就 得 了。

Zhao Ran: That's easy. If the work is not done properly, we just won't pay.

lín qīng shuō de qīng sōng nǐ néng lā xià liǎn lái shuō rén jia wǒ kě zuò
林 青：说 得 轻 松，你 能 拉 下 脸 来 说 人 家，我 可 做
　　　　bú dào wǒ zhè rén xīn tài ruǎn
　　　　不 到。我 这 人 心 太 软。

Lin Qing: It's easier said than done. You can neglect your face to complain, but I can't. I'm too soft-hearted.

zhào rán suǒ yǐ nǐ cái yuàn yì zì jǐ shòu lèi shì ba
赵 然：所 以，你 才 愿 意 自 己 受 累，是 吧？

Zhao Ran: So you are willing to exert yourself, aren't you?

词汇 Vocabulary

打扫房间 dǎ sǎo fáng jiān
clean the house

吩咐 fēn fù
instruct; instruction

窗户 chuāng hu
window

擦 cā
wipe

扫 sǎo
sweep

擦桌子 cā zhuō zi
wipe a table

墙 qiáng
wall

瓷砖 cí zhuān
tiles

踏实 tā shi
have peace of mind; be free from anxiety

工钱 gōng qián
pay

受累 shòu lèi
exert oneself

相关用语 Relevant Expressions

收拾屋子
shōu shi wū zi / clean the house

吸尘
xī chén / vacuum

扫地
sǎo dì / sweep the floor

擦地
cā dì / mop the floor

整理房间
zhěng lǐ fáng jiān / tidy up the room

冲厕所
chōng cè suǒ / flush the toilet

倒垃圾
dào lā jī / dump rubbish; throw away garbage

2. 洗衣服 Washing Clothes

lín qīng   wǒ yào xǐ yī fu le   nǐ yǒu zāng yī fu ma
林 青 ：我 要 洗 衣 服 了,你 有 脏 衣 服 吗？

Lin Qing: I'm going to wash clothes. Do you have any dirty clothes?

zhào rán   dāng rán yǒu le
赵 然 ：当 然 有 了。

Zhao Ran: Yes, of course.

lín qīng   kuài ná lai
林 青 ：快 拿 来。

Lin Qing: Give them to me quickly.

zhào rán   wǒ bǎ suǒ yǒu de zāng yī fu dōu fàng jìn xǐ yī jī le
赵 然 ：我 把 所 有 的 脏 衣 服 都 放 进 洗 衣 机 了。

Zhao Ran: I've put all my dirty clothes into the washing machine.

lín qīng   hēi   bié xiā fàng   bié bǎ nǐ de chòu wà zi gēn yī fu fàng yí kuàir
林 青 ：嘿，别 瞎 放 ！别 把 你 的 臭 袜 子 跟 衣 服 放 一 块 儿，
　　　　duō bú wèi shēng a
　　　　多 不 卫 生 啊！

Lin Qing: Hey, don't put them without sorting out. Don't mix your stinky socks with your clothes. That's not hygienic.

zhào rán　nà nǐ hái dān dú xǐ ya
赵　然：那你还 单 独洗呀？

Zhao Ran: Would you wash them separately?

lín qīng　kě bú shì ma　wà zi hé nèi kù dōu děi fēn kāi xǐ
林 青：可不是 嘛！袜子和内裤 都 得 分开洗。

Lin Qing: Sure. Socks and underpants should be washed separately.

zhào rán　nǐ yòng shén me xǐ tā men
赵　然：你 用 什 么洗它们？

Zhao Ran: What do you wash them with?

lín qīng　yī fu yòng xǐ yī fěn xǐ　wà zi zhè yàng de xiǎo jiàn yòng féi zào xǐ
林 青：衣服 用 洗衣粉洗，袜子这 样 的 小 件 用 肥皂洗。

Lin Qing: I wash clothes with washing powder, and petty things like socks
　　　　with soap.

(After washing)

lín qīng　lǎo gōng　gěi wǒ ná yī jià lái
林 青：老 公 ，给我拿衣架来。

Lin Qing: Hubby, get some hangers for me.

zhào rán　nǐ bǎ zhè xiē yī fu liàng dào yáng tái shang　xiǎo xīn diǎnr　　bié
赵　然：你把这些衣服 凉 到 阳 台 上 。小 心 点 儿，别

　　　　diào zài dì shang
　　　　掉 在地 上 。

Zhao Ran: Please take these clothes and hang them on the balcony. Be
　　　　careful not to drop them.

词汇 Vocabulary

洗衣服　xǐ yī fu wash clothes	洗衣机　xǐ yī jī washing machine
脏　zāng dirty	臭　chòu stinky; filthy

袜子 wà zi
socks

卫生 wèi shēng
sanitary; hygienic

内裤 nèi kù
underpants

洗衣粉 xǐ yī fěn
washing powder

肥皂 féi zào
soap

衣架 yī jià
hanger

凉 liàng
hang

相关用语 Relevant Expressions

内衣外衣分开洗涤
nèi yī wài yī fēn kāi xǐ dí /
wash the outer wear and under-
wear separately

背心
bèi xīn / vest; waistcoat

裤衩
kù chǎ / underpants; undershorts

短裤
duǎn kù / shorts

上衣
shàng yī / jacket

裤子
kù zi / trousers

洗涤剂
xǐ dí jì / detergent

3. 做饭 Cooking

lín qīng wā zán men liǎ máng le yí shàng wǔ gāi zuò wǔ fàn le nǐ xiǎng
林 青 : 哇 , 咱 们 俩 忙 了 一 上 午 , 该 做 午 饭 了 。你 想
　　　chī diǎnr shén me
　　　吃 点 儿 什 么 ?

Lin Qing: Whoa, we've worked all the morning. It's time to cook lunch.
　　　　　What would you like to eat?

zhào rán nǐ zuò ya
赵 然 : 你 做 呀 ?

Zhao Ran: You cook?

lín qīng wǒ bú zuò shuí zuò
林 青：我 不 做 谁 做？

Lin Qing: Who cooks if I don't?

zhào rán wǒ men hé bù chū qù chī nà yàng shěng shì
赵 然：我 们 何 不 出 去 吃？那 样 省 事！

Zhao Ran: Why don't we go out to eat? That's easy.

lín qīng wài mian chī duō guì ya zài shuō le yě bù rú zài jiā chī de shū fu
林 青：外 面 吃 多 贵 呀，再 说 了，也 不 如 在 家 吃 得 舒 服。

Lin Qing: It's too expensive to dine out. Moreover, it's not as comfortable
   as at home.

zhào rán hái yòng wǒ bāng nǐ ma
赵 然：还 用 我 帮 你 吗？

Zhao Ran: Anything I can do?

lín qīng bú yòng le nǐ qù xiē zhe ba wǒ xiān zhēng yì guō mǐ fàn rán hòu
林 青：不 用 了，你 去 歇 着 吧。我 先 蒸 一 锅 米 饭，然 后
       zài xǐ cài
       再 洗 菜。

Lin Qing: No. You go and have a rest. I'll steam a pot of rice, then wash
   some vegetables.

zhào rán nà jiù xīn kǔ nǐ le lǎo po
赵 然：那 就 辛 苦 你 了，老 婆。

Zhao Ran: Thank you then, my wife.

lín qīng qiáo nǐ shuō de qù ba bié zài chú fáng li zhàn zhe le
林 青：瞧 你 说 的。去 吧，别 在 厨 房 里 站 着 了。

Lin Qing: Come on. Go. Don't stand in the kitchen.

(Lin Qing is preparing lunch.)

lín qīng nǐ xiǎng chī shén me ròu zhū ròu niú ròu hái shǐ yáng ròu
林 青：你 想 吃 什 么 肉，猪 肉、牛 肉 还 是 羊 肉？

Lin Qing: What meat do you want to eat, pork, beef or mutton?

zhào rán   chī hóng shāo niú ròu ba   wǒ zuì xǐ huan nǐ zuò de zhè dào cài
赵 然：吃 红 烧 牛 肉 吧，我 最 喜 欢 你 做 的 这 道 菜，

　　　　zài jiā diǎnr   tǔ dòu   hǎo ma
　　　　再 加 点 儿土 豆，好 吗？

Zhao Ran: Stewed beef in sauce. I like this dish by you the best. Put some
　　　　potatoes in it, will you?

lín qīng   chéng   zài zuò ge xī hóng shì chǎo jī dàn   sù cài nǐ xiǎng chī
林 青 ： 成 。再 做 个 西 红 柿 炒 鸡 蛋。素 菜 你 想 吃

　　　　shén me
　　　　什 么？

Lin Qing: OK. I'll make tomatoes fried with eggs. What vegetables would
　　　　you like?

zhào rán   pāi huáng guā hé xiāng gū yóu cài
赵 然：拍 黄 瓜 和 香 菇 油 菜。

Zhao Ran: Marinated cucumbers and sautéed cabbage with mushrooms.

lín qīng   hǎo le   nǐ jiù děng zhe chī ba   fàn yí huìr   jiù hǎo
林 青：好 了，你 就 等 着 吃 吧，饭 一 会 儿就 好 。

Lin Qing: OK. You just wait. Lunch will be ready soon.

词汇 Vocabulary

午饭 wǔ fàn lunch		猪肉 zhū ròu pork	
歇 xiē rest		牛肉 niú ròu beef	
蒸 zhēng steam		羊肉 yáng ròu mutton	
米饭 mǐ fàn rice		菜 cài vegetable; dish	
肉 ròu meat		土豆 tǔ dòu potato	

西红柿 xī hóng shì
tomato

黄瓜 huáng guā
cucumber

炒 chǎo
fry

香菇 xiāng gū
mushroom

鸡蛋 jī dàn
egg

油菜 yóu cài
green cabbage

素菜 sù cài
vegetable dish

相关用语 Relevant Expressions

鸡肉
jī ròu / chicken

吃荤
chī hūn / eat meat

鱼
yú / fish

吃素
chī sù / eat vegetarian food

虾
xiā / shrimp

我饿了。
wǒ è le / I'm hungry.

主食吃什么?
zhǔ shí chī shén me / What do
you want to eat for staple food?

吃饱了。
chī bǎo le / I'm full.

副食
fù shí / non-staple food

我都快饿死了。
wǒ dōu kuài è sǐ le / I'm
almost dying of hunger.

素食
sù shí / vegetarian food

语言文化小贴士
Language Tips

méi pí qi

1. 没 脾气

指无可奈何,没有办法。

have no way out; be at the end of one's rope

例：你想去,可人家就是不让你去,你不也没脾气吗?!

You are at the end of the rope if you are not allowed when you want to go.

lā xià liǎn
2. 拉 下 脸

这里指不顾情面。另外一个意思是显出不高兴的样子。

Here it refers to "not to save the other one's face". The other meaning of the phrase is "look displeased".

例1：做这种事我可拉不下脸来,还是你去做吧。

I can't simply do this kind of thing. You'd better do it yourself.

例2：看见他,她立刻拉下脸,走开了。

Seeing him, she immediately looked displeased and left.

duō bú wèi shēng a
3. 多 不 卫 生 啊!

"多……啊!"是一种感叹句型,"多"的后面可以跟形容词或表示否定的词以加强语气。

"Duo... a!" is an exclamation sentence. Negative and affirmative words can be added after "duo".

例 1：多难看啊！

How ugly it is!

例 2：多好看啊！

How beautiful!

qiáo nǐ shuō de

4.   瞧 你 说 的。

这是对别人所说的表扬或夸奖你的话的回应，多带有不好意思或责怪的意思。

This is a response to one's praise to you. Mostly it has the meaning of either being flattered, or with blame.

● 练习 **Exercises**

1. 请说出五种家务活。Please name five kinds of housework.

2. 说说看，你喜欢吃什么中国菜？Please tell us what Chinese dishes you like.

Good Neighbors

邻里关系

UNIT
6

● 必备用语 Key Expressions

chī le ma
吃了吗？

Have you eaten?

chī le　　hái méi ne
吃了。/ 还没呢!

Yes. / Not yet.

nǐ gàn má qù ya
你干吗去呀？

Where are you going?

wǒ mǎi cài qù
我买菜去。

I'm going to buy some vegetables.

shēn zi gǔ bú nà me jiē shi le
身子骨不那么结实了。

My body is not as sturdy as before.

yǒu shén me shì ma
有什么事吗？

What's up?

duì bu qǐ dǎ rǎo le
对不起,打扰了。

Sorry to bother you.

néng jiè wǒ yòng yí xià ma
能借我用一下吗？

Can you lend it to me?

wǒ yòng wán jiù huán gěi nǐ
我用完就还给你。

I'll return it to you as soon as I finish.

● 情景对话 Situational Dialogues

1. 打招呼 Greeting

(Lin Qing's home is on the 8th floor. She moved here five years ago. She knows her neighbors very well and keeps a good relationship with them. One day, she met an aunty, one of her neighbors.)

línqīng dàmā nínhǎo
林 青：大妈，您 好！

Lin Qing: Hello, Aunty.

dàmā qīngr chī le ma
大妈：青 儿，吃了吗？

Aunty: Qingr, have you eaten?

línqīng háiméine nínne
林 青：还 没呢！您呢？

Lin Qing: Not yet. And you?

dàmā chī le gāngchīwán chūlaizǒuzou nǐgànmáqùya
大妈：吃了。刚 吃 完，出 来走 走。你 干 吗去呀？

Aunty: Yes, I've just finished, so I'm going for a walk. Where are you going?

línqīng ò wǒqùcàishìchǎngmǎicàiqù
林 青：哦，我去菜 市 场　买菜去。

Lin Qing: Oh, I'm going to buy some vegetables in the market.

(Lin Qing comes back from the market. She meets an elder man.)

dàye línqīng gānghuílaiya
大爷：林 青，刚 回来呀？

Uncle: Lin Qing, you've just come back?

línqīng shì a
林 青：是 啊。

Lin Qing: Yes.

dàye nǐ kě zhēngòumáng de zhème wǎncáixiàbān
大爷：你可 真 够 忙 的。这么 晚 才下班？

Uncle: You are really very busy. How come you got off work so late?

línqīng ng wǒgāngcáimǎidōng xi qù le
林 青：嗯，我 刚 才买 东 西去了。

Lin Qing: Hmm, I went shopping just now.

dàyé   ò   háiméichīne
大爷：哦，还 没 吃 呢？

Uncle: Oh, I see. You haven't eaten, have you?

línqīng méine háiméizuòne dàye nínjìnláishēn tǐ háihǎoba
林 青：没 呢，还 没 做 呢！大爷，您 近来 身 体 还 好 吧？

Lin Qing: No, I haven't cooked yet. Uncle, how is your health recently?

dàye còuhe lǎo le shēn zi gǔbúnàmejiēshi le
大爷：凑 合，老 了，身 子骨不那么结实 了。

Uncle: So-so. I'm getting old, and my body is not as sturdy as before.

línqīng wǒkànháibúcuò wǒzǒngkànjiànnínzàiwàimiansànbù
林 青：我 看 还 不 错。我 总 看 见 您 在 外 面 散 步。

Lin Qing: I think you look very good. I always see you taking a walk outside.

dàye shì a zàibúduànliàn shēn tǐ jiùkuǎ le
大爷：是 啊，再不 锻 炼，身 体就 垮 了。

Uncle: Yeah, my body will collapse if I don't do any exercises.

línqīng nínlǎozhēnxíng
林 青：您 老 真 行！

Lin Qing: You're great!

词汇 Vocabulary

买菜 mǎi cài
buy vegetables

下班 xià bān
get off work

凑合 còu he
so-so; passable

近来 jìn lái
recently; lately

结实 jiē shi
sturdy

散步 sàn bù
take a walk; take a stroll

垮 kuǎ
collapse; break down

Daily Life Talk

相关用语 Relevant Expressions

好久没见了。
hǎo jiǔ méi jiàn le / Long time
no see.

出去呀?
chū qù ya / Going out?

你近来忙吗?
nǐ jìn lái máng ma / Are you
busy recently?

你怎么样? 忙吗?
nǐ zěn me yàng máng ma /
How are you? Busy?

你上哪儿去呀?
nǐ shàng nǎr qù ya / Where are
you going?

2. 借东西 Borrowing Things

(The drainage pipe in Lin Qing's home is blocked up. She hasn't
a plunger, so she goes to her neighbors to borrow one.)

(Ringing her neighbor's doorbell)

lín jū   shuí ya
邻居1：谁 呀?

Neighbor 1: Who is it?

lín qīng   wǒ nǐ jiā gé bì de
林 青 ：我 ,你家隔壁的。

Lin Qing: It's me, your next door neighbor.

lín jū   ò   shì nǐ ya yǒu shén me shì ma
邻居1：哦,是你呀! 有 什 么事 吗?

Neighbor 1: Oh, it's you. What's up?

lín qīng   wǒ jiā de xià shuǐ guǎn dào dǔ le   nǐ jiā yǒu chuāi zi ma
林 青 ：我家的下 水 管 道堵了。你家有 搋 子 吗?

Lin Qing: My drain is blocked up. Have you got a plunger?

lín jū   méi yǒu duì bu qǐ
邻居1：没 有 ,对不起。

Neighbor 1: No, I'm sorry.

lín qīng　nǐ zhī dào shuí jiā yǒu ma
林 青：你 知 道 谁 家 有 吗？

Lin Qing: Do you know who has one?

lín jū　　nǐ qù wǒ jiā duì mén wèn wen　tā men jiā hǎo xiàng yǒu
邻居1：你去我家对 门 问 问，他 们 家 好 像 有 。

Neighbor 1: You can go ask the one in the opposite. It seems that they've
　　　　　　　got one.

lín qīng　xiè xie　duì bu qǐ　dǎ rǎo le
林 青：谢 谢。对 不 起，打 扰 了。

Lin Qing: Thank you. Sorry to bother you.

(Knocking at the door)

lín jū　　shuí ya
邻居2：谁 呀？

Neighbor 2: Who is it?

lín qīng　wǒ　lín qīng
林 青：我 ，林 青 。

Lin Qing: It's me, Lin Qing.

lín jū　　ō　shì nǐ ya　jìn lai ba
邻居2：噢，是 你 呀！进 来 吧 。

Neighbor 2: Oh, it's you. Come in.

lín qīng　bú yòng le　nǐ jiā yǒu chuāi zi ma
林 青：不 用 了。你 家 有 搋 子 吗？

Lin Qing: No, thanks. Have you got a plunger?

lín jū　　yǒu
邻居2：有 。

Neighbor 2: Yes.

lín qīng　néng jiè wǒ yòng yí xià ma　wǒ jiā de xià shuǐ dào dǔ le
林 青：能 借 我 用 一 下 吗？我 家 的 下 水 道 堵 了。

Lin Qing: Can you lend it to me? My drain is blocked up.

lín jū　　néng　 nǐ děng yí xià　　 ná lai chuāi zi　　 ná qù yòng ba
邻居2：能 。你 等 一 下 。(拿 来 搋 子 。)拿去 用 吧 。

Neighbor 2: Yes. Wait a second. (back with the plunger) Here you are.

lín qīng　 xiè xie　 wǒ yòng wán jiù huán gěi nǐ
林青：谢 谢 。我 用 完 就 还 给 你 。

Lin Qing: Thank you. I'll return it to you as soon as I finish.

lín jū　　bù zháo jí　　 yòng wǒ bāng máng ma
邻居2：不 着 急 。用 我 帮 忙 吗 ？

Neighbor 2: No hurry. Can I help?

lín qīng　bú yòng　　 wǒ néng xíng
林青：不 用 ，我 能 行 。

Lin Qing: No, thank you. I can manage.

词汇 Vocabulary

隔壁 gé bì
next door

对门 duì mén
neighbor in the opposite house

下水管道 xià shuǐ guǎn dào
drain; drainage

打扰 dǎ rǎo
bother; interrupt

堵 dǔ
block up

借 jiè
borrow; lend

搋子 chuāi zi
plunger

还 huán
return

相关用语 Relevant Expressions

我想借……
wǒ xiǎng jiè... / I want to
borrow...

你有没有……?
nǐ yǒu méi yǒu... / Have you
got ...?

你去物业问问。
nǐ qù wù yè wèn wen / You can go ask the property management office.

你可以找物业帮忙。
nǐ kě yǐ zhǎo wù yè bāng máng / You can ask the property management office for help.

请物业帮你修。
qǐng wù yè bāng nǐ xiū / Please ask the property management office to repair it.

3. 相互帮助 Helping Each Other

(Lin Qing finishes using the plunger and returns it to her neighbor.)

lín qīng chuāi zi yòng wán le huán gěi nǐ xiè xie a
林青：搋 子 用 完 了，还 给 你。谢 谢 啊！

Lin Qing: I've finished using it. Now I'm returning it to you. Thanks.

lín jū   bié kè qi yòng shí jìn guǎn shuō
邻居2：别客气，用 时 尽 管 说。

Neighbor 2: You're welcome. Please let me know when you need it.

lín qīng zhēn shì tài gǎn xiè nǐ le
林青：真 是 太 感 谢 你 了。

Lin Qing: You're very kind, thank you.

lín jū   zhè diǎn xiǎo shì suàn shén me dōu shì lín jū yīng gāi hù xiāng bāng
邻居2：这 点 小 事 算 什 么！都 是 邻居，应 该 互 相 帮

zhù sú huà shuō   yuǎn qīn bù rú jìn lín ma
助。俗 话 说：" 远 亲 不 如 近 邻"嘛！

Neighbor 2: That's nothing. We're neighbors. We should help each other.
As the saying goes: A near neighbor is better than a distant relative.

lín qīng　shì a　nà nǐ néng zài bāng wǒ yí ge máng ma
林青：是 啊，那 你 能 再 帮 我 一 个 忙 吗？
Lin Qing: Yeah, and can you do me another favor?

lín jū　　shuō ba　shén me máng
邻居2：说 吧，什 么 忙？
Neighbor 2: Sure. What is it?

lín qīng　wǒ yào chū qu mǎi diǎn dōng xi　rú guǒ yǒu kuài dì gěi wǒ sòng shū
林青：我 要 出 去 买 点 东 西，如 果 有 快 递 给 我 送 书，
　　　nǐ néng bāng wǒ shōu yí xià ma
　　　你 能 帮 我 收 一 下 吗？
Lin Qing: I'm going to buy something. If someone comes to deliver a book
　　　to me, could you help me to receive it?

lín jū　　xū yào fù qián ma
邻居2：需要 付 钱 吗？
Neighbor 2: Shall I pay him?

lín qīng　bù xū yào
林 青：不 需 要。
Lin Qing: No, you don't need to pay him.

lín jū　　hǎo de　zhī dào le
邻居2：好 的，知 道 了。
Neighbor 2: Good. I got it.

lín qīng　nà jiù má fan nǐ le　duō xiè le
林 青：那 就 麻 烦 你 了。多 谢 了。
Lin Qing: Sorry to bother you. Thank your.

lín jū　　méi shén me　xiǎo yì si　shuō bu dìng shén me shí hou　wǒ hái yǒu
邻居2：没 什 么，小 意 思。说 不 定 什 么 时 候，我 还 有
　　　shì qiú nǐ ne
　　　事 求 你 呢。
Neighbor 2: It's nothing. Perhaps I'll ask you for help some day.

lín qīng　méi wèn tí
林 青：没 问 题。
Lin Qing: No problem.

词汇 Vocabulary

小事 xiǎo shì
trifle

付钱 fù qián
pay money

快递 kuài dì
express mail

求 qiú
ask for help; request; beg

送 sòng
deliver; send

相关用语 Relevant Expressions

还用吗?
hái yòng ma / Are you still
using it?

送东西
sòng dōng xi / deliver/
send something

取东西
qǔ dōng xi / fetch/ get
something

语言文化小贴士 Language Tips

chī le ma
1. 吃了吗?

这是人们见面时常用的一句打招呼用语。有时不一定真的在乎你是否吃过饭了没有。

This is a greeting commonly used by Chinese people. Sometimes it doesn't really mean to know whether you have had the meal or not. It's just a way to start a conversation or a greeting.

zhè diǎn xiǎo shì suàn shén me
2. 这 点 小 事 算 什 么!

这句话常用来回应别人的感谢。

This is an expression commonly used to respond to one's gratitude.

shuō bu dìng
3. 说 不 定

指没准儿,也许。也可以用"说不好"。

Perhaps or maybe. You can also say, "shuō bù hǎo".

例1:都这点儿了,他还没来,说不定他今天就不来了。

He hasn't come by this time of the day. Perhaps he won't come.

例2:A:你明天去看电影吗?

B:说不定。看情况吧。

A: Will you go to the movie tomorrow?

B: Maybe. It depends.

yuǎn qīn bù rú jìn lín
4. 远 亲 不 如 近 邻

指你的亲戚虽好,但由于居住得很远,就不如住在你旁边的邻居能给你提供更多、更及时的帮助。人们常用这句话来形容邻里关系。

A close neighbor means more than a distant relative; a distant relative is not as helpful as a near neighbor. People usually use this sentence to describe neighborhood relationship.

● 练习 Exercises

根据课文回答问题。Answer the following questions according to the text.

1. 林青吃过饭了吗?

2. 大爷身体如何?

3. 林青为什么要借撅子?

4. 她还撅子后,又请邻居帮她做什么?

Environmental Protection Project

UNIT 7

● 必备用语 Key Expressions

zán jiā de lā jī gāi chǔ lǐ le
咱 家 的 垃 圾 该 处 理 了。

Our garbage needs to be thrown away.

zhè yàng fēn lèi duō má fan na
这 样 分 类 多 麻 烦 哪!

Such a classification is so troublesome.

děng yǎng chéng xí guàn jiù hǎo le
等 养 成 习 惯 就 好 了。

It will be alright when you are used to it.

yì wù zhǒng shù
义 务 种 树

a voluntary activity to plant trees

lù huà xiǎo qū
绿 化 小 区

make a neighborhood look green

měi huà huán jìng
美 化 环 境

beautify the environment

quán qiú biàn nuǎn
全 球 变 暖

global warming

wēn shì xiào yìng
温 室 效 应

greenhouse effect

jiǎn shǎo pái fàng
减 少 排 放

reduce emissions

wǒ méi wèn tí
我 没 问 题。

I have no problem with that.

● 情景对话 Situational Dialogues

(Lin Qing and Zhao Ran are environmentalists. They always do things in small steps and take part in some activities related to environmental protection.)

68

1. 垃圾分类 Garbage Classification

zhào rán   lín qīng   zán jiā de lā jī gāi chǔ lǐ le   tài duō le
赵 然：林 青，咱 家 的 垃 圾 该 处 理 了，太 多 了。

Zhao Ran: Lin Qing, our garbage needs to be thrown away. It's too much.

lín qīng   duì   nǐ xiān bǎ kàn guo de bào zhǐ shōu shi yí xià   wǒ gàn wán shǒu
林 青：对，你 先 把 看 过 的 报 纸 收 拾 一 下。我 干 完 手

        shang de zhè diǎn huór   jiù lái
        上 的 这 点 活 儿 就 来。

Lin Qing: Right. You collect the papers you've already read first. I'll come
          as soon as I finish this.

zhào rán   fèi bào zhǐ shì bu shì kě yǐ mài ya
赵 然：废 报 纸 是 不 是 可 以 卖 呀？

Zhao Ran: The used papers can be sold, right?

lín qīng   shì a   hái yǒu jiù zá zhì   bǎ zhǐ zhì de dōng xi dōu fàng zài yì qǐ
林 青：是 啊，还 有 旧 杂 志。把 纸 质 的 东 西 都 放 在 一 起。

Lin Qing: Yes. And the old magazines. Please put all the paper things here.

zhào rán   hái yǒu shén me pò làn kě yǐ mài de
赵 然：还 有 什 么 破 烂 可 以 卖 的？

Zhao Ran: What else can we sell?

lín qīng   fèi píng zi   xiàng yǐn liào píng   yì lā guàn
林 青：废 瓶 子，像 饮 料 瓶 、易 拉 罐 。

Lin Qing: Used bottles, like beverage bottles and cans.

zhào rán   zhè xiē dōu shì kě yǐ huí shōu de dōng xi
赵 然：这 些 都 是 可 以 回 收 的 东 西。

Zhao Ran: These are all the things that can be recycled.

lín qīng   nǐ kàn jiàn wài mian de lā jī tǒng le ma
林 青：你 看 见 外 面 的 垃 圾 桶 了 吗？

Lin Qing: Do you see the trash cans outside?

zhào rán   kàn jiàn le   yí gòng yǒu sān ge
赵 然：看 见 了，一 共 有 三 个。

Zhao Ran: Yes, I do. There are three.

lín qīng   duì ya   hóng sè de biǎo shì bù kě huí shōu   huáng sè de biǎo shì kě
林 青：对 呀，红 色 的 表 示 不 可 回 收 ，黄 色 的 表 示 可

jiàng jiě de shēng huó lā jī   ér lǜ sè de shì kě huí shōu de
降 解 的 生 活 垃 圾，而 绿 色 的 是 可 回 收 的。

Lin Qing: Right. The red one is for non-recyclables, the yellow one is for
everyday garbage that is bio-degradable, while the green one is
for those can be recycled.

zhào rán   zhè yàng fēn lèi duō má fan na
赵 然：这 样 分 类 多 麻 烦 哪！

Zhao Ran: Such a classification is so troublesome.

lín qīng   wèi le huán bǎo   má fan yì diǎn yǒu shén me ya   děng yǎng chéng
林 青：为 了 环 保，麻 烦 一 点 有 什 么 呀！等 养 成

xí guàn jiù hǎo le
习 惯 就 好 了。

Lin Qing: But for environmental protection, it's worth it even if it's a little
troublesome. It will be alright when you are used to it.

词汇 Vocabulary

垃圾 lā jī
garbage; litter

处理 chǔ lǐ
deal with; dispose

报纸 bào zhǐ
newspaper

卖 mài
sell

杂志 zá zhì
magazine

纸质 zhǐ zhì
papery

破烂 pò làn
junk; scrap; waste

瓶子 píng zi
bottle

易拉罐　yì lā guàn
can

标记　biāo jì
mark; sign

回收　huí shōu
recycle

可降解的　kě jiàng jiě de
bio-degradable

垃圾桶　lā jī tǒng
trash can

习惯　xí guàn
habit

相关用语 Relevant Expressions

塑料袋
sù liào dài / plastic bag

回收站
huí shōu zhàn / recyclables
goods station

不要乱倒垃圾。
bú yào luàn dào lā jī / Don't
litter; Don't throw garbage just
anywhere.

卖废品
mài fèi pǐn / sell waste products

2. 绿化小区 Planting Trees

lín qīng　jīn tiān zán men xiǎo qū yǒu yì wù zhòng shù huó dòng　nǐ qù ma
林 青 :今 天 咱 们 小 区 有 义 务 种 树 活 动 ,你 去 吗 ?

Lin Qing: Today there is a voluntary activity to plant trees in our community.
Are you going?

zhào rán　qù　zhè shì hǎo shì　jì néng lǜ huà xiǎo qū　měi huà huán jìng　hái
赵 然 :去 ,这 是 好 事 ,既 能 绿 化 小 区 ,美 化 环 境 ,还

néng duàn liàn shēn tǐ ne
能 锻 炼 身 体 呢 。

Zhao Ran: Sure, it's a good thing. It can make our neighborhood look
green, and beautify the environment. Planting trees is a good
exercise, too.

lín qīng　wǒ xiǎng yě shì
林 青 :我 想 也 是 。

Lin Qing: I think so, too.

zhào rán kě zán men méi yǒu gōng jù zěn me bàn
赵 然：可 咱 们 没 有 工 具 怎 么 办？

Zhao Ran: But we don't have tools. What can we do?

lín qīng méi shìr   wù yè nàr   yǒu tiě qiāo wǒ men dài shàng ge shuǐ tǒng
林 青：没 事 儿，物 业 那 儿 有 铁 锹。我 们 带 上 个 水 桶

jiù xíng le
就 行 了。

Lin Qing: It doesn't matter. There are shovels at the property management

office. We only need to take a bucket with us.

zhào rán wǒ wā kēng nǐ jiāo shuǐ
赵 然：我 挖 坑，你 浇 水。

Zhao Ran: I'll dig pits, and you water the trees.

lín qīng měi huà xiǎo qū de gōng láo yǒu wǒ de yí bàn yě yǒu nǐ de yí bàn
林 青：美 化 小 区 的 功 劳 有 我 的 一 半，也 有 你 的 一 半。

Lin Qing: The act of beautifying our neighborhood contains half of your

contribution and half of mine.

zhào rán hā ha zěn me tīng zhe xiàng shén me gē li chàng de yí yàng ne
赵 然：哈 哈，怎 么 听 着 像 什 么 歌 里 唱 的 一 样 呢？

Zhao Ran: Huh, huh. It sounds like a song.

lín qīng shuō zhēn de zán men yīng gāi zài yáng tái shang yě zhòng jǐ pén
林 青：说 真 的，咱 们 应 该 在 阳 台 上 也 种 几 盆

huā
花。

Lin Qing: Frankly speaking, we should have some pots of flowers on our

balcony.

zhào rán huā kě bù hǎo yǎng nǐ yòu cóng lái méi yǎng guo huā
赵 然：花 可 不 好 养。你 又 从 来 没 养 过 花。

Zhao Ran: It's not easy to grow flowers. And you haven't grown any

before.

lín qīng　nà jiù zhòng xiē hǎo yǎng de huā　wǒ men yě měi huà yí xià yáng tái
林 青：那 就 种 些 好 养 的 花。我 们 也 美 化 一 下 阳 台。

Lin Qing: Well, we can grow some flowers that are easy to attend. We
　　　　should also beautify our balcony.

zhào rán　hǎo a　wǒ méi yì jiàn
赵 然：好 啊，我 没 意 见。

Zhao Ran: OK. I agree.

lín qīng　shuō gàn jiù gàn　wǒ xià wǔ jiù qù huā shì　　nǐ péi wǒ qù yo
林 青：说 干 就 干，我 下 午 就 去 花 市。你 陪 我 去 哟！

Lin Qing: Let's do it right now. I'll go to the flower market this afternoon.
　　　　Please go with me, won't you?

zhào rán　xíng
赵 然：行。

Zhao Ran: All right.

词汇 Vocabulary

义务种树 yì wù zhòng shù
plant trees voluntarily

美化 měi huà
beautify

工具 gōng jù
tool

铁锹 tiě qiāo
shovel

水桶 shuǐ tǒng
bucket

挖坑 wā kēng
dig a pit

浇水 jiāo shuǐ
water

功劳 gōng láo
contribution; meritorious service;
deed

盆 pén
pot

花 huā
flower

养花 yǎng huā
grow flowers

花市 huā shì
flower market

绿化 lǜ huà
make green by planting trees,
flowers, etc; afforest

相关用语 Relevant Expressions

栽树
zāi shù / plant trees

培土
péi tǔ / earth up

草
cǎo / grass

草地
cǎo dì / meadow

铺草坪
pū cǎo píng / lay turf

种花
zhòng huā / grow flowers

摆花
bǎi huā / display flowers

3. 谈论环保 Talking About Environmental Protection

(They are watching news on TV. It's broadcasting a piece of news on a flood in South China.)

林青：赵然，你说这气候怎么变成这样了，有的地方发大水，有的地方却大旱。

Lin Qing: Zhao Ran, how come the climate has changed like this? Some places suffer from flooding, while some places suffer from heavy drought.

赵然：都是全球变暖闹的。

Zhao Ran: That's all caused by global warming.

林青：是不是也跟温室效应有关呢？

Lin Qing: Isn't it concerned with the greenhouse effect?

赵然：当然了。人类向大气排放这么多有害物质，

dǎo zhì quán qiú qì wēn shēng gāo
导 致 全 球 气 温 升 高 。

Zhao Ran: Of course. Man emits such a great amount of harmful substances into the atmosphere, causing the global temperature to rise.

lín qīng   nà gāi zěn me bàn ne
林 青 :那 该 怎 么 办 呢？

Lin Qing: What can be done then?

zhào rán   lì yòng jié néng xíng chǎn pǐn   jiǎn shǎo pái fàng
赵 然 :利 用 节 能 型 产 品 ，减 少 排 放 。

Zhao Ran: Reduce emissions by making use of energy saving products.

lín qīng   wǒ men yīng gāi zuò xiē shén me ne
林 青 :我 们 应 该 做 些 什 么 呢？

Lin Qing: What should we do?

zhào rán   yòng huán bǎo bīng xiāng   bù kāi chē   duō yòng kě huí shōu   kě
赵 然 :用 环 保 冰 箱 ，不 开 车 ，多 用 可 回 收 、可
jiàng jiě de dōng xi
降 解 的 东 西 。

Zhao Ran: Use an environment friendly refrigerator, don't drive, use more recycled and degradable things.

lín qīng   yīng gāi duō lì yòng zì rán néng yuán   rú tài yáng néng   fēng néng
林 青 :应 该 多 利 用 自 然 能 源 ，如 太 阳 能 、风 能 、
shuǐ néng   shǎo yòng méi
水 能 ，少 用 煤 。

Lin Qing: We should use natural power more like solar energy, wind power and hydropower, and use less coal.

zhào rán   shì de   huán bǎo kě bú shì yì tiān liǎng tiān de shì   yào cháng qī de
赵 然 :是 的 ，环 保 可 不 是 一 天 两 天 的 事 ，要 长 期 地
zuò xià qù cái xíng
做 下 去 才 行 。

Zhao Ran: Yes. Environmental protection is not a matter for one day or two. It takes a long time to do.

lín qīng nǐ shuō de méi cuò zán men xiān cóng zì jǐ zuò qǐ ba míng tiān qǐ
林 青：你 说 得 没 错。咱 们 先 从 自 己 做 起 吧。明 天 起

bù kāi chē shàng bān le xíng ma
不 开 车 上 班 了，行 吗？

Lin Qing: You're right. Let's start from us. We won't drive cars to work

from tomorrow. Is that all right?

zhào rán zěn me bù xíng wǒ méi wèn tí
赵 然：怎 么 不 行？我 没 问 题。

Zhao Ran: Fine. I have no problem with that.

词汇 Vocabulary

气候 qì hòu
climate

大旱 dà hàn
severe drought

全球变暖 quán qiú biàn nuǎn
global warming

温室效应 wēn shì xiào yìng
greenhouse effect

有害物质 yǒu hài wù zhì
harmful substance

导致 dǎo zhì
cause

气温 qì wēn
temperature

利用 lì yòng
make use of; utilize

节能型产品 jié néng xíng chǎn pǐn
energy-saving product

减少排放 jiǎn shǎo pái fàng
reduce emissions

冰箱 bīng xiāng
refrigerator

自然能源 zì rán néng yuán
natural energy

太阳能 tài yáng néng
solar energy

风能 fēng néng
wind power

水能 shuǐ néng
hydropower

煤 méi
coal

相关用语 Relevant Expressions

从我做起
cóng wǒ zuò qǐ / start with me

没得说
méi de shuō / No problem.

节能减排
jié néng jiǎn pái / save energy and reduce emissions

语言文化小贴士
Language Tips

děng   jiù hǎo le
1. 等 …… 就 好 了

It'd be good or alright until...

shuō zhēn de
2. 说 真 的

指说老实话；说实在的；不是说着玩的。
Frankly speaking; to tell the truth; not joking

wǒ méi wèn tí
3. 我 没 问 题。

此句并不是指说话者有什么问题，而是对某人的建议表示赞同。
It means that one fully agrees with the other's suggestion.

● 练习 **Exercises**

选择适当的词填空。Fill in the blanks with the right words.

种树　　垃圾　　废　　导致　　养

1. 义务 _____
2. _____ 花
3. _____ 报纸
4. _____ 分类
5. 大量排放的废气 _____ 全球变暖。

Chinese New Year

过年 UNIT 8

● 必备用语 Key Expressions

wǒ men lái gěi nǐ men bài nián le
我 们 来 给 你 们 拜 年 了！

We're here to pay a New Year call to you.

nín dōu máng huo shén me ne
您 都 忙 活 什 么 呢？

What are you doing?

duō chī diǎnr
多 吃 点 儿。

Eat more.

wǒ dōu zuò de chà bu duō le
我 都 做 得 差 不 多 了。

I have almost done them all.

jīn tiān chī de tài bǎo le
今 天 吃 得 太 饱 了。

I ate too much today.

chēng zhe le ba
撑 着 了 吧？

You've overeaten, haven't you?

méi shì
没 事。

Nothing.

zhè méi shén me dà bù liǎo de
这 没 什 么 大 不 了 的。

It doesn't really matter.

nà dōu shì lǎo huáng li le
那 都 是 老 皇 历 了。

That's the old custom.

nà shì yí dìng de
那 是 一 定 的。

I promise I will.

● 情景对话 Situational Dialogues

（Spring Festival has arrived. Lin Qing and Zhao Ran return to parents' home for Chinese New Year.）

1. 春节 Spring Festival

lín qīng   mā   bà   jīn tiān shì dà nián chū yī   wǒ men lái gěi nǐ men bài
林 青 ：妈 , 爸 , 今 天 是 大 年 初 一 , 我 们 来 给 你 们 拜

nián le
年 了！

Lin Qing: Mother, Father, it's the first day of the New Year. We're here to pay a New Year call to you.

māma āi yō nǐ men lái le kuài jìn lai
妈 妈：哎哟，你 们 来 了。快 进来！
Mother: Oh, you've come. Come in.

bàba wǒ men dōu děng nǐ men bàn tiān le nǐ mā yì zǎo jiù máng huo qǐ
爸 爸：我 们 都 等 你 们 半 天 了。你 妈 一 早 就 忙 活 起

lai le
来 了。
Father: We've been waiting for you for a long time. Your mother has been busy since early in the morning.

lín qīng mā nín dōu máng huo shén me ne
林 青：妈，您 都 忙 活 什 么 呢？
Lin Qing: Mother, what are you doing?

māma wǒ zài zhǔn bèi hǎo chī de ne
妈 妈：我 在 准 备 好 吃 的 呢。
Mother: I'm preparing some goodies.

lín qīng shén me hǎo chī de ya
林 青：什 么 好 吃 的 呀？
Lin Qing: What are they?

bàba lǎo yí tào gěi nǐ men bāo jiǎo zi bei
爸 爸：老 一 套，给 你 们 包 饺 子 呗。
Father: As usual, We're making dumplings for you.

lín qīng bú cuò wǒ jiù xǐ huan nǐ zuò de jiǎo zi
林 青：不 错，我 就 喜 欢 你 做 的 饺 子。
Lin Qing: Good. I like the dumplings you make.

zhào rán mā zuò de jiǎo zi bǐ wài mian fàn guǎn zuò de hǎo chī duō le
赵 然：妈 做 的 饺 子 比 外 面 饭 馆 做 的 好 吃 多 了。
Zhao Ran: The dumplings mother makes are much better than the ones in the restaurant.

māma nà jiù yí huìr duō chī diǎnr
妈 妈：那 就 一 会 儿 多 吃 点 儿。
Mother: Well, eat more then.

lín qīng wǒ lái zuò cài ba
林 青 ：我 来 做 菜 吧？

Lin Qing: Let me cook dishes, okay?

mā ma bú yòng le dōu zuò de chà bu duō le nǐ cāi wǒ jīn tiān hái zhǔn bèi
妈 妈 ：不 用 了 ，都 做 得 差 不 多 了 。你 猜 ，我 今 天 还 准 备
le shén me
了 什 么？

Mother: No, I have almost done them all. Guess, what else I have prepared for you? .

lín qīng cāi bù chū lai
林 青 ：猜 不 出 来？

Lin Qing: I give up.

mā ma nián gāo
妈 妈 ：年 糕 。

Mother: Rice cakes.

lín qīng hǎo xīn nián chī nián gāo dìng huì nián nián gāo
林 青 ：好 ，新 年 吃 年 糕 ，定 会 年 年 高 。

Lin Qing: Good. We must get better year after year if we have rice cakes at the New Year.

词汇 Vocabulary

拜年 bài nián
pay a New Year call

准备 zhǔn bèi
prepare

包 bāo
wrap

饺子 jiǎo zi
dumpling

年糕 nián gāo
rice cake

相关用语 Relevant Expressions

新年好！
xīn nián hǎo / Happy New Year!

万事如意！
wàn shì rú yì / Wish you all the best!

恭喜发财!
gōng xǐ fā cái / Have a Good fortune! May you be prosperous!

年年有余!
nián nian yǒu yú / May you have more and more each year!

2. 岁岁平安 Having a Good Year

zhào rán   ò   jīn tiān chī de tài bǎo le
赵 然 : 哦 , 今 天 吃 得 太 饱 了 。

Zhao Ran: Oh, I ate too much today.

lín qīng   chēng zhe le ba   nǐ yě bù yōu zhe diǎn
林 青 : 撑 着 了 吧 ? 你 也 不 悠 着 点 !

Lin Qing: You've overeaten, haven't you? Why don't you take less?

zhào rán   wǒ zhè rén yí jiàn zháo hǎo chī de jiù shōu bu zhù le
赵 然 : 我 这 人 一 见 着 好 吃 的 就 收 不 住 了 。

Zhao Ran: I just can't help eating when I see the delicious food.

lín qīng   lái   wǒ men bāng mā ma xǐ wǎn ba
林 青 : 来 , 我 们 帮 妈 妈 洗 碗 吧 。

Lin Qing: Come, let's help mom wash the dishes.

zhào rán   hǎo   wǒ bāng nǐ bǎ zhè ge pán zi ná dào chú fáng qù
赵 然 : 好 , 我 帮 你 把 这 个 盘 子 拿 到 厨 房 去 。

Zhao Ran: OK. I'll help you take this plate to the kitchen.

lín qīng   āi ya   pán zi diào dào le dì shang
林 青 : 哎 呀 ! (盘 子 掉 到 了 地 上 。)

Lin Qing: Oops! (A plate falls to the floor.)

mā ma   xiǎo qīng   zěn me le
妈 妈 : 小 青 , 怎 么 了 ?

Mother: Xiao Qing, what's wrong?

lín qīng   mā   méi shì   pán zi diào dì shang le
林 青 : 妈 , 没 事 , 盘 子 掉 地 上 了 。

Lin Qing: Mom, nothing. A plate fell to the floor.

māma   hǎo   suìsuìpíngān
妈妈：好，岁岁平安。

Mother: Never mind. Have a good year as is a homophone.

zhàorán   mā   nínkě zhēnhuìānwèirén
赵然：妈，您可真会安慰人。

Zhao Ran: Mom, you're really good at comforting me.

māma   qíshí   zhèméishénmedàbùliǎode   búguò   yěshìqǔgejí lì ma
妈妈：其实，这没什么大不了的。不过，也是取个吉利嘛！

Mother: Actually, it doesn't really matter. Anyway, let's have an auspi-
        cious blessing.

bàba   méishāngzheba
爸爸：没伤着吧?

Father: Did you hurt yourself?

línqīng   méiyǒu
林青：没有。

Lin Qing: No.

词汇 Vocabulary

饱 bǎo
full; stuffed; have enough

撑 chēng
overeaten; be full up

洗碗 xǐ wǎn
wash bowls/ dishes

盘子 pán zi
plate

安慰 ān wèi
console; comfort

吉利 jí lì
fortunate; auspicious; lucky;
propitious

伤 shāng
hurt

相关用语 Relevant Expressions

图吉利
tú jí lì / for good luck

吉祥如意
jí xiáng rú yì / good luck

3. 红包 Red Envelope

māma   shíjiān guòde zhēn kuài   yòu guò le yì nián
妈妈：时 间 过 得 真 快！又 过 了 一 年 。

Mother: How time flies! Another year has passed.

lín qīng   shì a   tài kuài le
林 青：是 啊！太 快 了。

Lin Qing: Yes, too fast.

māma   yǐ qián nǐ xiǎo shí hou   měi cì guò nián wǒ men dōu yào gěi nǐ
妈妈：以 前 你 小 时 候，每 次 过 年 我 们 都 要 给 你

　　hóng bāo
　　红 包 。

Mother: When you were little, we gave you a red envelope containing
money every New Year.

lín qīng   duì   wǒ jì de měi cì xīn nián   nǐ men dōu gěi wǒ yā suì qián
林 青：对，我 记 得 每 次 新 年，你 们 都 给 我 压 岁 钱 。

Lin Qing: Right. I remember every year you gave me money as a New Year
gift.

māma   xiànzài nǐ dà le   jiù bù gěi le   shén me shí hou nǐ yǒu hái zi le   wǒ
妈妈：现 在 你 大 了，就 不 给 了。什 么 时 候 你 有 孩 子 了，我

　　men zài gěi
　　们 再 给 。

Mother: Now you've grown up, and we won't give you money anymore.
We'll give it to your child when you have one.

lín qīng   hǎo   dào shí ràng wǒ hái zi gěi nǐ men kē tóu bài nián
林 青：好 ，到 时 让 我 孩 子 给 你 们 磕 头 拜 年 。

Lin Qing: OK. I'll let my child kowtow to you on New Year.

bàba   nà dōu shì lǎo huáng li le   xiànzài shuí hái kē tóu a
爸爸：那 都 是 老 皇 历 了，现 在 谁 还 磕 头 啊！

Father: That's old custom. Now who kowtows?

mā ma yǒu xiào xīn jiù xíng le　féng nián guò jié lái kàn kan　wǒ men jiù zhī

妈妈：有 孝 心 就 行 了。逢 年 过 节 来 看 看，我 们 就 知

zú le

　　　足 了。

Mother: As long as you have filial piety. Come to see us during the holidays and we will feel content.

lín qīng　nà shì yí dìng de

林 青：那 是 一 定 的。

Lin Qing: I promise I will.

词汇 Vocabulary

红包 hóng bāo
red envelope; paper bag containing money

新年 xīn nián
new year

压岁钱 yā suì qián
money given to children as a lunar New Year gift

磕头 kē tóu
kowtow

孝心 xiào xīn
filial piety

逢年过节 féng nián guò jié
on holidays

知足 zhī zú
be content (with one's lot)

相关用语 Relevant Expressions

送一个大礼包
sòng yí ge dà lǐ bāo / give a big package or gift

送礼
sòng lǐ / send a gift/ present

买些礼品送人
mǎi xiē lǐ pǐn sòng rén / buy some presents for somebody

准备新年礼物
zhǔn bèi xīn nián lǐ wù / prepare a New Year gift

这是我们的见面礼。
zhè shì wǒ men de jiàn miàn lǐ / This is our present given to you for our first meeting.

bài nián
1. 拜 年

　　拜年是中国民间的传统习俗，是人们辞旧迎新、相互表达美好祝愿的一种方式。在旧历年春节的第一天，晚辈要向长者问安跪拜，并祝福他们幸福长寿。而长辈要将事先准备好的"压岁钱"分给晚辈。在给家中长辈拜完年以后，人们外出相遇时也要笑容满面地恭贺新年，互道"恭喜发财、四季如意、新年快乐"等吉祥话语，左右邻居或亲朋好友亦相互登门拜年或相邀饮酒娱乐。

Chinese people usually pay a New Year's call to their parents or the elderly on the lunar New Year.

It is a way for Chinese people to express their best wishes on bidding farewell to the outgoing year and celebrating the New Year. On the first day of the lunar New Year, the younger generation will kowtow to the elderly and wish them happiness and long life, while the elderly will give the young some money prepared in advance as a new year gift. People also give the best

wishes, such as "have a good fortune", "wish you all the best", "happy New Year", to others with smiles on faces while meeting. Relatives and neighbors pay New Year call to each other and have dinner together as well.

nián gāo
2. 年 糕

年糕取其谐音,表示年年高升,又升官,又发财。

"Nián gāo" (年糕) sounds the same as "nián gāo" (年高), a wish to live better, have a promotion, and make more money in the coming year.

suì suì píng ān
3. 岁 岁 平 安

当打碎物品时,人们常用"碎"的同音字"岁"来安慰打碎物品的人,借助这个字将坏事变成好事,变成一句吉祥的祝福语。

When something is broken, people often say this phrase to comfort the one who breaks it. "Suì(碎)" has the same pronunciation to "suì (岁)", so in this way, a bad thing turns to a good thing and becomes an auspicious blessing.

hóng bāo
4. 红 包

指用红纸包的钱,用于给送人或作为奖赏。

Red paper envelope containing money as a gift or reward to people.

lǎo huáng li
5. 老 皇 历

比喻陈旧过时的规矩。

Calendar of the past, a metaphor for out-of-day rules or custom.

● 练习 **Exercises**

1. 选择适当的词填空。Fill in the blanks with right words.

送　　饺子　　给　　吃　　年

  1) 拜 _____
  2) 包 _____
  3) _____ 红包
  4) 爷爷 _____ 我压岁钱
  5) _____ 年糕

2. 说一说，中国人过春节都做些什么？What do the Chinese people do at the Spring Festival?

Eating

● 必备用语 Key Expressions

qǐng wǒ men hē yì bēi
请 我 们 喝一杯。
You've got to treat us to drinks.

xiǎng qù nǎr cuō
想 去哪儿撮？
Where would you like to eat?

yòu hǎo yòu shí huì
又 好 又 实惠
It's good and economic.

yǒu dìr ma
有 地儿吗？
Is there a table?

liáng cài
凉 菜
cold dish

rè cài
热 菜
hot dish

ná cài pǔ lái
拿 菜谱来。
Give me the menu, please.

suí biàn diǎn
随 便 点 。
Just order as much as you like.

zài yào yí ge zhè ge
再 要 一个 这 个。
And this one.

gòu le
够 了。
That's enough.

● 情景对话 Situational Dialogues

(Zhao Ran is in his office. He received a phone call just now and learned one of his photographic works won second prize in a photographic competition. After the call, Zhao Ran looks very happy.)

1. 请客 A Treat

tóng shì zhào rán jīn tiān nǐ zěn me zhè me gāo xìng
同 事1：赵 然，今天你怎么这么高兴？
Colleague 1: Zhao Ran, why are you so happy today?

tóng shì　　 shì a　 yǒu shá hǎo shì　 qiáo bǎ nǐ lè de
同 事2：是 啊，有 啥 好 事？ 瞧 把 你 乐 的。

Colleague 2: Yeah, what's the good news that makes you so delighted?

tóng shì　　 shì bu shì zhòng jiǎng le
同 事3：是 不 是 中 奖 了？

Colleague 3: Did you win a prize in the lottery?

zhào rán　 nǎr　 de shìr　 ya　 wǒ nǎ yǒu nà ge yùn qi
赵 然：哪 儿 的 事 儿 呀！我 哪 有 那 个 运 气。

Zhao Ran: No, I can't have that luck.

tóng shì　　 nà shì shén me shì a　 kuài shuō
同 事1：那 是 什 么 事 啊？ 快 说 。

Colleague 1: What's the news then? Come on, tell us.

zhào rán　 wǒ de shè yǐng zuò pǐn huò jiǎng le
赵 然：我 的 摄 影 作 品 获 奖 了。

Zhao Ran: My photographic work won a prize.

tóng shì　　 ò　 dé le bù shǎo jiǎng jīn ba
同 事2：哦，得 了 不 少 奖 金 吧？

Colleague 2: Oh, you must have got a lot of bonus, haven't you?

zhào rán　 shì de　 èr děng jiǎng　 yì qiān wǔ bǎi yuán
赵 然：是 的，二 等 奖 1500 元 。

Zhao Ran: Yes, 1,500 yuan for the second place.

tóng shì　　 yō hē niú a　 dì yī cì cān sài jiù huò le èr děng jiǎng
同 事1：哟 嗬，牛 啊！第 一 次 参 赛 就 获 了 二 等 奖 。

Colleague 1: Well, great! You won second place the first time you took part
　　　　　　 in the competition.

tóng shì　　 bù xíng　 nǐ děi qǐng kè　 qǐng wǒ men gēr　 jǐ ge hē yì bēi
同 事3：不 行 ,你 得 请 客，请 我 们 哥 儿 几 个 喝 一 杯。

Colleague 3: Well, you've got to treat us to drinks.

zhào rán　 méi wèn tí　 zhōng wǔ xiǎng qù nǎr　 cuō
赵 然：没 问 题。中 午 想 去 哪 儿 撮？

Zhao Ran: No problem. Where would you like to eat for lunch?

tóng shì　qù páng biān nà jiā sì chuān guǎn zi ba　yòu hǎo yòu shí huì
同 事3：去 旁 边 那家 四 川 馆 子吧，又 好 又 实 惠。

Colleague 3: Let's go to the Sichuan restaurant nearby. It's good and
inexpensive.

zhào rán　dào fàn diǎn le ma
赵 然：到 饭 点 了 吗？

Zhao Ran: Is it time for lunch?

tóng shì　dào le　dōu shí yī diǎn sì shí le
同 事1：到 了，都 11 点 40 了。

Colleague 1: Yes. It's 11:40.

zhào rán　nà hǎo　zán men xiàn zài jiù zǒu
赵 然：那 好，咱 们 现 在就 走 。

Zhao Ran: Fine, let's go now.

词汇 Vocabulary

高兴　gāo xìng
happy; delight; joy

中奖　zhòng jiǎng
win a prize in a lottery

运气　yùn qi
luck

摄影作品　shè yǐng zuò pǐn
photographic work

获奖　huò jiǎng
win a prize; receive an award

奖金　jiǎng jīn
bonus; prize

二等奖　èr děng jiǎng
second prize

参赛　cān sài
take part in the competition

请客　qǐng kè
treat

喝　hē
drink

撮　cuō
eat

实惠　shí huì
inexpensive but substantial

乐　lè
happy; cheerful; joyful; laugh;
be amused

Daily Life Talk

真走运。
zhēn zǒu yùn / How lucky!

祝贺你。
zhù hè nǐ / Congratulations.

咱们出去撮一顿。
zán men chū qù cuō yí dùn /
Let's dine out.

他们经常下馆子。
tā men jīng cháng xià guǎn zǐ /
They often go to eat in a
restaurant.

今天我有饭局。
jīn tiān wǒ yǒu fàn jú / I've
been invited to a dinner today.

2. 下馆子 Going to a Restaurant

nǚ fú wù yuán xiānsheng jǐ wèi a
女 服 务 员：先　生 ，几 位 啊？
Waitress: How many of you, Sir?

zhào rán sì wèi yǒu dìr ma
赵　然：四 位。有 地 儿 吗？
Zhao Ran: Four. Is there a table?

nǚ fú wù yuán yǒu zuò zhèr ba jīn tiān xiǎng chī diǎn shén me
女 服 务 员：有。坐 这 儿 吧。今 天　想 吃 点 什 么？
Waitress: Yes. Sit here. What would you like to eat today?

zhào rán děng wǒ xiān wèn wen tā men gēr jǐ ge xiǎng diǎn diǎnr
赵 然：等 我 先 问 问 他 们 。哥 儿 几 个　想　点 点 儿
　　　　shén me
　　　　什 么？
Zhao Ran: Let me ask them first. What would you like to order?

tóng shì xiān lái diǎn liáng cài xià jiǔ zài diǎn xiē rè cài
同 事1：先 来 点　凉　菜 下 酒，再 点 些 热 菜。
colleague1: First some cold dishes to go with drinks, then some hot dishes.

tóng shì qǐng ná cài pǔ lái
同 事2：请 拿 菜 谱 来。
colleague2: Give me the menu, please.

nǚ fú wù yuán　gěi nín　zhè xiē dōu shì liáng cài
女 服 务 员 : 给 您 。这 些 都 是 凉 菜 。

Waitress: Here you are. These are the cold dishes.

tóng shì　zhè ge　zhè ge　zài yào yí ge zhè ge
同 事2 : 这 个 , 这 个 , 再 要 一 个 这 个 。

colleague2: This one, this one, and this one.

nǚ fú wù yuán　rè cài ne
女 服 务 员 : 热 菜 呢?

Waitress: What about hot dishes?

zhào rán　nǐ men xiǎng chī shén me　suí biàn diǎn
赵 然 : 你 们 想 吃 什 么 , 随 便 点 。

Zhao Ran: What would you like to eat? Just order as much as you like.

tóng shì　gōng bǎo jī dīng　má pó dòu fu　chǎo tǔ dòu sī
同 事3 : 宫 保 鸡 丁 , 麻 婆 豆 腐 , 炒 土 豆 丝……

colleague3: Chicken cubes with peanuts, spicy beancurd, fried sliced
　　　　　potatoes...

zhào rán　hēi　bié jìng diǎn pián yi de cài　gěi wǒ shěng qián ne　diǎn jǐ ge
赵 然 : 嘿 , 别 竟 点 便 宜 的 菜 , 给 我 省 钱 呢? 点 几 个
　　　guì de　hǎo bu hǎo
　　　贵 的 , 好 不 好?

Zhao Ran: Hey, don't just order cheap dishes. Are you trying to save me
　　　　　money? Order some expensive ones, won't you?

tóng shì　zhè dōu shì jiàn kāng de cài　bù néng zǒng dà yú dà ròu de chī　duì
同 事3 : 这 都 是 健 康 的 菜 , 不 能 总 大 鱼 大 肉 地 吃 , 对
　　　shēn tǐ bù hǎo
　　　身 体 不 好 。

colleague3: These are all healthy dishes. We can't eat all meat and fish.
　　　　　It's not good for health.

zhào rán　bié zhè yàng　jīn tiān zán yě děi kāi hūn na　lái yì zhī kǎo yā　zài lái
赵 然 : 别 这 样 , 今 天 咱 也 得 开 荤 哪 , 来 一 只 烤 鸭 , 再 来

yí ge shuǐ zhǔ yú
一个 水 煮 鱼。

Zhao Ran: Don't talk like that. We'll have some meat today. Have a roast
　　　　　duck, and a hot fish.

tóng shì　　gòu le　zài diǎn jiù chī bù liǎo le
同 事 1:够 了,再 点 就 吃 不 了 了。

colleague1: That's enough. We won't eat them all if you order any more.

nǚ fú wù yuán　nǐ men hē diǎn shén me
女服务员:你们 喝 点 什 么?

Waitress: What would you like to drink?

tóng shì　　pí jiǔ　lái liǎng píng pí jiǔ　kuài diǎn　wǒ men xià wǔ hái shàng
同 事 2:啤 酒,来 两 瓶 啤酒。快 点,我 们 下 午 还 上

bān ne
班 呢!

colleague2: Beer. Bring us two bottles of beer. Be quick. We'll have to
　　　　　work in the afternoon.

nǚ fú wù yuán　hǎo　wǒ zhè jiù xià dān
女服务员:好,我 这 就 下 单。

Waitress: OK. I'll give orders to the chefs right now.

词汇 Vocabulary

凉菜 liáng cài
cold dish

点 diǎn
order

下酒 xià jiǔ
go with alcohol

省钱 shěng qián
save money

热菜 rè cài
hot dish

烤鸭 kǎo yā
roast duck

菜谱 cài pǔ
menu

啤酒 pí jiǔ
beer

开荤 kāi hūn
begin or resume a meat diet; end a meatless diet

下单 xià dān
give orders

相关用语 Relevant Expressions

有位子吗?
yǒu wèi zi ma / Is there a seat?

没位了。
méi wèi le / There are no seats left.

满了。
mǎn le / All seats are occupied.

荤素搭配
hūn sù dā pèi / mix meat and vegetables in due proportions

小菜
xiǎo cài / pickled vegetables; side dish

下酒菜
xià jiǔ cài / dish that goes with alcohol

荤菜
hūn cài / meat or fish dish

素菜
sù cài / vegetable dish

语言文化小贴士
Language Tips

niú

1. 牛

指厉害,棒。

Terrific, great.

cuō
2. 撮

这是俚语，意思是"吃"。

A slang, meaning "to eat".

diǎn cài
3. 点 菜

中国人请客时，一般都是先让客人点菜，点他们喜欢吃的菜，最后主人再点。或者主人先问客人喜欢吃什么，然后再自己点菜。

When Chinese people treat others, they usually ask the guests order dishes first and order what they like to eat, then the host orders, or a host first asks the guests what they like to eat, then orders himself.

● 练习 **Exercises**

1. 根据课文回答问题。Answer the following questions according to the text.

    1) 赵然今天为什么高兴？

    2) 他的同事让他做什么？

    3) 他们点了什么菜？

2. 请说出五个与"菜"有关的词组。Please give five phrases related to dishes.

● 必备用语 Key Expressions

hē jiǔ
喝酒

drink alcohol

hē chá
喝茶

drink tea

zhè hái chà bu duō
这 还 差 不 多。

That's pretty good.

hē duō le
喝 多 了

drink too much

shǎo hē diǎnr
少 喝 点 儿

drink a little bit

hē yì diǎn yǒu hǎo chù
喝 一 点 有 好 处

It's good to drink a little bit.

qī chá
沏 茶

make tea

wǒ xiǎng hē huā chá
我 想 喝 花 茶。

I'd like to drink scented tea.

lǜ chá gèng yǒu yì yú jiàn kāng
绿 茶 更 有 益 于 健 康。

Green tea is much better for health.

gān bēi
干 杯！

Cheers.

● 情景对话 Situational Dialogues

（Zhao Ran returns home and tells his wife Lin Qing about the prize he wins. They talk about drinking all that evening.）

1. 喝酒 Drinking Alcohol

zhào rán   jīn tiān wǒ de shè yǐng zuò pǐn huò jiǎng le
赵 然：今 天 我 的 摄 影 作 品 获 奖 了。

Zhao Ran: My photographic work won a prize today.

lín qīng   tài hǎo le   zhù hè nǐ ya
林 青：太 好 了，祝 贺 你 呀！

Lin Qing: Terrific. Congratulations.

zhào rán   wǒ qǐng jǐ ge péng you xià guǎn zi chī le yí dùn
赵 然：我 请 几 个 朋 友 下 馆 子 吃 了 一 顿。

Zhao Ran: I invited some friends to eat in a restaurant.

lín qīng   yòu hē jiǔ le ba
林 青：又 喝 酒 了 吧？

Lin Qing: You drank alcohol, didn't you?

zhào rán   nà shì dāng rán de le   qǐng rén chī fàn zěn me néng bù hē jiǔ ne
赵 然：那 是 当 然 的 了。请 人 吃 饭 怎 么 能 不 喝 酒 呢？

Zhao Ran: Of course. How could I invite people to eat without drinking alcohol?

lín qīng   hē de shén me jiǔ
林 青：喝 的 什 么 酒？

Lin Qing: What did you drink?

zhào rán   pí jiǔ   wǒ men zhī dào bái jiǔ bù néng hē   xià wǔ hái děi gàn huór   ne
赵 然：啤 酒。我 们 知 道 白 酒 不 能 喝，下 午 还 得 干 活 儿 呢！

Zhao Ran: Beer. We know we can't drink liquor for we have to work in the afternoon.

lín qīng   zhè hái chà bu duō   wǒ jiù pà nǐ men hē jiǔ hē duō le   chū shìr
林 青：这 还 差 不 多。我 就 怕 你 们 喝 酒 喝 多 了，出 事 儿。

Lin Qing: That's pretty good. I'm afraid something bad will happen if you drink too much.

zhào rán   shǎo hē diǎnr   shuō qǐ lai   jiǔ zhè dōng xi shuō hǎo yě hǎo   shuō
赵 然：少 喝 点 儿。说 起 来，酒 这 东 西 说 好 也 好，说
                huài yě huài
                坏 也 坏 。

Zhao Ran: Just drink a little bit. Well, drinks are both good and bad.

lín qīng   zěn me jiǎng
林 青：怎 么 讲？

Lin Qing: What do you mean?

赵 然：酒 能 活 血 强 身，特别 是 白 酒 或 红 酒，每 天
　　　　喝 一 点 有 好 处。

Zhao Ran: Drinks can improve blood circulation and help one keep fit, especially the Chinese liquor or red wine. It's good to drink a little bit every day.

林 青：是 啊！喝 多 了 就 伤 身 了。另 外，老 喝 啤 酒 也 不 好，
　　　　能 喝 出 个 啤 酒 肚 来，多 难 看！

Lin Qing: Yes, but it's harmful if you drink too much. Besides, it's not good to drink beer often, either. You can even get a beer belly. How bad that looks!

赵 然：你 看 我 还 行 吧？从 结 婚 到 现 在，身 材 保 持 得
　　　　还 不 错，对 吗？

Zhao Ran: Look at me. I have kept in good shape since we married, haven't I?

林 青：瞧 你 美 的。要 不 是 我 管 着 你，你 不 定 变 成 啥
　　　　样 了！去 厨 房 帮 我 烧 壶 水，我 要 沏 茶。

Lin Qing: Look how pleased you are with yourself. If it wasn't me, I don't know what you would turn into. Go to boil some water in the kitchen. I'll make tea.

赵 然：遵 命。

Zhao Ran: Yes, Ma'am.

词汇 Vocabulary

祝贺 zhù hè
congratulate; congratulations

伤身 shāng shēn
be harmful to health

喝酒 hē jiǔ
drink alcohol

啤酒肚 pí jiǔ dù
beer belly

白酒 bái jiǔ
liquor; distilled spirit

身材 shēn cái
stature; shape

活血 huó xuè
improve blood circulation

厨房 chú fáng
kitchen

强身 qiáng shēn
keep fit

壶 hú
kettle; pot

红酒 hóng jiǔ
red wine

沏茶 qī chá
make tea

相关用语 Relevant Expressions

我不会喝酒。
wǒ bú huì hē jiǔ / I don't drink alcohol.

喝醉了
hē zuì le / get drunk

酒鬼
jiǔ guǐ / alcoholic; drunkard

喝高了
hē gāo le / drink too much; get drunk.

他有酒量。
tā yǒu jiǔ liàng / He can drink a lot.

他能喝
tā néng hē / He can drink.

2. 喝茶 Drinking Tea

(The kettle is ringing.)

lín qīng yō shuǐ kāi le nǐ hē chá ma
林 青 :哟，水 开 了。你 喝 茶 吗？

Lin Qing: Oh, the water is boiling. Would you like to drink tea?

zhào rán   wǒ pà hē chá shuì bù zháo jiào
赵 然：我 怕 喝 茶 睡 不 着 觉。

Zhao Ran: I'm afraid I can't sleep if I drink tea.

lín qīng   méi shì   shǎo fàng diǎn chá yè
林 青：没 事，少 放 点 茶 叶。

Lin Qing: It doesn't matter. Just put in a few tea leaves.

zhào rán   xíng   nǐ hē shén me chá
赵 然：行。你 喝 什 么 茶？

Zhao Ran: OK. What tea do you drink?

lín qīng   lǜ chá   nǐ ne
林 青：绿 茶，你 呢？

Lin Qing: Green tea. And you?

zhào rán   wǒ xiǎng hē huā chá
赵 然：我 想 喝 花 茶。

Zhao Ran: I'd like to drink scented tea.

lín qīng   huā chá hěn xiāng   hěn duō rén dōu ài hē   bú guò lǜ chá gèng yǒu yì
林 青：花 茶 很 香，很 多 人 都 爱 喝。不 过 绿 茶 更 有 益
　　　　yú jiàn kāng
　　　　于 健 康。

Lin Qing: Scented tea is very fragrant, so many people like it. But green tea
　　　　is much better for health.

zhào rán   wǒ hǎo xiàng tīng shuō guo
赵 然：我 好 像 听 说 过。

Zhao Ran: I think I heard of it.

lín qīng   lǜ chá néng kàng ái   yǒu zhù yú jiǎn féi   hái néng měi róng   shǐ rén
林 青：绿 茶 能 抗 癌，有 助 于 减 肥，还 能 美 容，使 人
　　　　cháng shòu
　　　　长 寿。

Lin Qing: Green tea helps in preventing cancer, losing weight, looking
　　　　better and living longer.

zhào rán zěn me yǒu nà me duō hǎo chù
赵 然：怎 么 有 那 么 多 好 处？

Zhao Ran: How come there are so many advantages?

lín qīng shì a suǒ yǐ lǜ chá shì jiàn kāng yǐn liào
林 青：是 啊，所 以 绿 茶 是 健 康 饮 料。

Lin Qing: Yes. So green tea is a healthy drink.

zhào rán ng kàn lái wǒ yīng gāi duō hē lǜ chá cóng xiàn zài kāi shǐ nǐ hē
赵 然：嗯，看 来 我 应 该 多 喝 绿 茶。从 现 在 开 始，你 喝

chá shí qǐng bāng wǒ yě dào bēi lǜ chá hǎo ma
茶 时，请 帮 我 也 倒 杯 绿 茶，好 吗？

Zhao Ran: Hmm. It seems that I should drink more green tea. Start from
now, please give me a cup of green tea when you drink, will
you?

lín qīng hǎo de
林 青：好 的。

Lin Qing: Good.

词汇 Vocabulary

美容 měi róng
beautify the face; improve a person's looks

喝茶 hē chá
drink tea

茶叶 chá yè
tea leaf

绿茶 lǜ chá
green tea

花茶 huā chá
scented tea

抗癌 kàng ái
prevent cancer

减肥 jiǎn féi
lose weight

长寿 cháng shòu
longevity; long life

饮料 yǐn liào
beverage

红茶	果茶
hóng chá / red tea	guǒ chá / fruit tea

3. 喝咖啡 Drinking Coffee

lín qīng zhào rán lái bēi kā fēi ba
林 青：赵 然，来杯咖啡吧！

Lin Qing: Zhao Ran, have a cup of coffee.

zhào rán āi nǐ bú shì bú ài hē kā fēi ma jīn tiān fàn shén me máo bìng le
赵 然：哎，你不是不爱喝咖啡吗？今天犯什么毛病了，

　　　　xiǎng qǐ hē zhè wán yìr le
　　　　想起喝这玩意儿了？

Zhao Ran: Hey, you don't like coffee, do you? What's wrong with you
　　　　today by thinking of drinking that?

lín qīng ò bié rén cóng guó wài huí lai sòng wǒ yì píng bā xī de kā fēi wǒ
林 青：哦，别人从国外回来送我一瓶巴西的咖啡，我

　　　　xiǎng cháng yì cháng
　　　　想 尝一尝。

Lin Qing: Oh, someone came back from abroad and gave me a bottle of
　　　　Brazilian coffee. I'd like to try it.

zhào rán wā nà yí dìng shì bú cuò de kā fēi yīn wèi bā xī shèng chǎn kā
赵 然：哇，那一定是不错的咖啡，因为巴西盛产咖

　　　　fēi dòu
　　　　啡豆。

Zhao Ran: Whoa, that must be good coffee because Brazil is rich in coffee
　　　　beans.

lín qīng suǒ yǐ ma rén jia yě xiǎng ràng nǐ jiàn shi yí xià shén me shì hǎo
林 青：所以嘛，人家也想 让你见识一下什么是好

kā fēi
咖啡。

Lin Qing: That's why I want you to experience what good coffee tastes like.

(Opening the bottle.)

zhào rán   ǹg   wén zhe zhēn xiāng a
赵   然 :嗯 ，闻 着 真   香 啊 ！

Zhao Ran: Hmm, smells good.

lín qīng   shì a   zhè shì sù róng de ba
林 青 :是 啊 ！ 这 是 速 溶 的 吧 ？

Lin Qing: Yes. Is this instant coffee?

zhào rán   duì   yīng gāi shì   yào shì zhǔ de nà zhǒng   jiù zāo le   zán men jiā
赵   然 :对 ，应 该 是 。要 是 煮 的 那 种 ，就 糟 了 ，咱 们 家

méi yǒu kā fēi hú ya
没 有 咖啡壶 呀 ！

Zhao Ran: I think so. It would be terrible if it needs boiling because we don't have a coffeemaker.

lín qīng   dōu shuō zhǔ chū lai de kā fēi gèng hǎo hē   bú guò   duì wǒ lái shuō
林 青 :都 说 煮 出 来 的 咖啡 更 好 喝 。不 过 ，对 我 来 说

dōu yí yàng   kǔ
都 一 样 ，苦 。

Lin Qing: It's said boiled coffee tastes good. But to me it's all the same — bitter.

zhào rán   zhēn méi fú qi   kā fēi jiù shì yào hē nà ge kǔ wèi   yǒu rén zhuān hē
赵   然 :真 没 福气 。咖啡 就 是 要 喝 那 个 苦 味 。有 人 专 喝

chún kā fēi   yuán zhī yuán wèi   shén me yě bù jiā
纯 咖啡 ，原 汁 原 味 ，什 么 也 不 加 。

Zhao Ran: You don't have any luck. That's the very flavor one drinks coffee for. Someone likes to drink black coffee, the pure and original taste, without putting anything in it.

lín qīng　wǒ bù xíng　wǒ děi jiā niú nǎi hé shuāng fèn táng
林 青：我 不 行 ，我 得 加 牛 奶 和　双　份 糖 。

Lin Qing: I can't. I'll put milk and more sugar.

zhào rán　nǐ ya　zhī yǒu duō hē　cháng hē cái xíng
赵　然：你 呀，只 有 多 喝 、常 喝 才 行 。

Zhao Ran: You'll get used to it if you drink more and drink often.

词汇 Vocabulary

咖啡　kā fēi
coffee

玩意儿　wán yìr
plaything; thing

盛产　shèng chǎn
rich in

咖啡豆　kā fēi dòu
coffee bean

见识　jiàn shi
experience

香　xiāng
fragrant

速溶　sù róng
instant

煮　zhǔ
boil

咖啡壶　kā fēi hú
coffeemaker; coffeepot

苦　kǔ
bitter

原汁原味　yuán zhī yuán wèi
original and authentic

牛奶　niú nǎi
milk

糖　táng
sugar

相关用语 Relevant Expressions

磨咖啡豆
mò kā fēi dòu / grind coffee

加糖
jiā táng / add sugar

红糖
hóng táng / brown sugar

白糖
bái táng / white sugar

砂糖

shā táng / granulated sugar

不习惯喝咖啡

bù xí guàn hē kā fēi / be not used to drinking coffee

喝咖啡上瘾

hē kā fēi shàng yǐn / get into the habit of / get addicted to drinking coffee

语言文化小贴士
Language Tips

qiáo nǐ měi de

1. 瞧 你 美 的。

　　意思是"看你高兴的样子"。有时也说"瞧把你美的,都不知道姓什么了",指某人高兴得有些控制不住自己。

　　It means "Look how pleased you are with yourself." Sometimes people also say, "Qiáo bǎ nǐ měi de, dōu bù zhī dào xìng shén me le. (Look how pleased you are. You don't even know who you are.)" It indicates that someone is so happy that he can not control his feelings.

fàn shén me máo bìng le

2. 犯 什 么 毛 病 了。

　　指某人的行为、思想出现反常,不同于平日的表现,也常用"犯

毛病"。

It refers to the unusual and abnormal conduct behavior or thought of somebody. Sometimes people also say "Fàn máo bìng".

例1：他今天犯什么毛病了,总说错话。估计心里有什么事。

What's wrong with him today? He always says wrong words. I guess he is thinking of something else.

例2：别犯毛病了,这儿没什么好看的,快走吧。

Don't do that. There's nothing to see here. Let's go quickly.

wán yìr

3. 玩意儿

这个词有三个意思：1. 玩具；2. 东西；3. 指曲艺、杂技。 在这里对话中指的是"东西"。

It has three meanings: 1. toy; 2. thing; 3. acrobatics or *quyi* (folk art forms rich in local flavor which include ballad singing, storytelling, cross talks, clapper talks, etc.). Here in the dialogue it refers to "thing".

例1：这么大了还买小孩的玩意儿。

You've grown up. How come you still bought a child's toy?

例2：在超市里我看到了这玩意儿,觉得有用就买回来了。

I saw this thing at the supermarket and thought it might be useful, so I bought it.

yuán zhī yuán wèi

4. 原汁原味

指不加任何东西或佐料。也常用来形容某物没有经过任何加工或改造。

Without adding anything or changing anything. It's often used as a metaphor for something not being processed or changed.

例1：这里的风景可是原汁原味的,没有一个人造景观。

The scenery here is original without anything man-made.

例2：这道菜可是原汁原味的地方风味。

The dish is pure and authentic local flavor.

● 练习 Exercises

选择适当的词完成下列句子。 Choose the right words to complete the following sentences.

绿茶　　酒　　吃　　咖啡　　花茶　　啤酒

1.我请几个朋友下馆子 _____ 了一顿。

2.我就怕你们喝 _____ 喝多了,出事儿。

3.老喝这个也不好,能喝出个 _____ 肚来,多难看!

4._____ 很香,很多人都爱喝。

5._____ 是健康饮料。

6.有人专喝纯 _____,原汁原味,什么也不加。

● 必备用语 Key Expressions

nǐ zěn me le
你 怎 么 了？

What's wrong?

yǒu shén me hǎo wán de
有 什 么 好 玩 的？

What are some fun things to play?

nǐ xiǎng wán nǎ ge
你 想 玩 哪 个？

Which one do you want to play?

wán guó jì xiàng qí
玩 国 际 象 棋

play chess

wán pū kè
玩 扑 克

play poker

nǐ xǐ huan wán shén me yóu xì
你 喜 欢 玩 什 么 游 戏？

What games do you like to play?

nǐ xiǎng wán ma
你 想 玩 吗？

Do you want to play it?

xiā wán
瞎 玩

not play well

tǎo yàn wán diàn nǎo yóu xì
讨 厌 玩 电 脑 游 戏

hate playing computer games

rěn bu zhù xiǎng wán
忍 不 住 想 玩

can't help playing

● 情景对话 Situational Dialogues

（Zhao Ran is depressed because he lost some business. His colleague Wang Cheng is consoling him.）

1. 玩棋 Playing Board Games

wáng chéng   zhào rán   nǐ zěn me le   jīn tiān xià wǔ wú jīng dǎ cǎi de
王　成：赵 然, 你 怎 么 了？今 天 下 午 无 精 打 采 的？

Wang Cheng: Zhao Ran, What's wrong? You look downhearted this afternoon.

Daily Life Talk

zhào rán   hāi   yǒu yí ge hé tóng méi yǒu qiān chéng
赵 然：咳，有 一 个 合 同 没 有 签 成 。

Zhao Ran: Whoosh, I failed to sign a contract.

wáng chéng   suàn le   xiǎng kāi diǎn
王 成：算 了，想 开 点 。

Wang Cheng: Forget it. Think about something else.

zhào rán   fèi le nà me dà de jìn   jiē guǒ zuì hòu chuī le   zhēn nán shòu
赵 然：费 了 那 么 大 的 劲，结 果 最 后 吹 了，真 难 受 。

Zhao Ran: I spent so much effort on it, but it failed at last. I felt really upset.

wáng chéng   bié xiǎng nà me duō le   lái wán diǎn shén me   zhuǎn yí yí xià
王 成：别 想 那 么 多 了，来 玩 点 什 么 ，转 移 一 下

zhù yì lì
注 意 力 。

Wang Cheng: Don't think about it too much. Come and play something to divert your attention.

zhào rán   yǒu shén me hǎo wán de
赵 然：有 什 么 好 玩 的？

Zhao Ran: What are some fun things to play?

wáng chéng   wǒ zhèr   yǒu guó jì xiàng qí yě yǒu pū kè pái nǐ xiǎng wán
王 成：我 这 儿 有 国 际 象 棋，也 有 扑 克 牌，你 想 玩

nǎ ge
哪 个？

Wang Cheng: It seems that I've got chess and poker here. Which one do you want to play?

zhào rán   wán guó jì xiàng qí ba   wán pū kè rén bú gòu   děi sì ge rén dǎ
赵 然：玩 国 际 象 棋 吧，玩 扑 克 人 不 够 ，得 四 个 人 打 。

Zhao Ran: Let's play chess. There are not enough people to play poker. It needs four people to play.

wáng chéng   yě shì   tā men jǐ ge dōu bú zài
王　成：也 是，他 们 几 个 都 不 在。

Wang Cheng: Right. The other colleagues are not here.

(Taking out the chess set and put chessmen on the chessboard)

wáng chéng   nǐ yào bái qí   hái shi hēi qí
王　成：你 要 白 棋，还 是 黑 棋?

Wang Cheng: Do you want to be white or black?

zhào rán   dōu xíng   bái de ba
赵　然：都 行，白 的 吧。

Zhao Ran: Either is fine. White please.

wáng chéng   nà nǐ xiān zǒu ba
王　成：那 你 先 走 吧。

Wang Cheng: You go first, please.

zhào rán   wǒ jiù bú kè qì le
赵　然：我 就 不 客 气 了。

Zhao Ran: Alright then.

wáng chéng   qǐng ba
王　成：请 吧。

Wang Cheng: Please.

词汇 Vocabulary

无精打采 wú jīng dǎ cǎi
downhearted

合同 hé tong
contract

签 qiān
sign

吹 chuī
fail

难受 nán shòu
feel ill/unhappy

转移 zhuǎn yí
transfer; divert

注意力 zhù yì lì
attention

国际象棋 guó jì xiàng qí
chess

扑克牌　pū kè pái
poker

棋子　qí zǐ
chessman

白　bái
white

客气　kè qi
stand on ceremony

相关用语 Relevant Expressions

怎么搞的？
zěn me gǎo de / What's wrong?

真不是滋味。
zhēn bú shì zī wèi / It's not comfortable. / What an uneasy feeling.

玩牌
wán pái / play cards

打牌
dǎ pái / play cards

下棋
xià qí / play chess　(or other board game)

棋盘
qí pán / chessboard

你赢了。
nǐ yíng le / You win.

我输了。
wǒ shū le / I lose.

2. 玩电脑游戏 Playing Computer Games

wáng chéng　nǐ wán diàn nǎo yóu xì ma
王　成：你玩电脑游戏吗？
Wang Cheng: Do you play computer games?

zhào rán　wán
赵　然：玩。
Zhao Ran: Yes, I do.

wáng chéng　nǐ xǐ huan wán shén me yóu xì
王　成：你喜欢玩什么游戏？
Wang Cheng: What games do you like to play?

zhào rán　wǒ xǐ huan wán　　hé　mó shòu shì jiè
赵　然：我喜欢玩《CS》和《魔兽世界》。
Zhao Ran: I like to play *CS* and *World of wareraft*.

wáng chéng   wǒ zuì jìn mǎi le yì zhāng yóu xì pán
王　成：我最近买了一张游戏盘。

Wang Cheng: I've bought a game disk lately.

zhào rán   hǎo wán ma
赵　然：好玩吗？

Zhao Ran: Is it good?

wáng chéng   tǐng hǎo wán de   nǐ xiǎng wán ma   wǒ jiè nǐ
王　成：挺好玩的。你想玩吗？我借你。

Wang Cheng: It's good. Do you want to play it? I can lend it to you.

zhào rán   bú yòng le   wǒ yì bān shàng wǎng wán yóu xì   gēn bié rén duì dǎ
赵　然：不用了，我一般上网玩游戏，跟别人对打，
tè bié cì jī
特别刺激。

Zhao Ran: No, I usually play games with others online. It's a lot of fun.

wáng chéng   huí tóu wǒ yě shàng wǎng wán wan   bú guò   wǒ kě néng méi
王　成：回头我也上网玩玩。不过，我可能没
yǒu nǐ wán de hǎo
有你玩得好。

Wang Cheng: I'll play online someday. But I may not play as well as you do.

zhào rán   kāi shǐ wǒ yě shì xiā wán   màn màn de jiù shú le
赵　然：开始我也是瞎玩，慢慢地就熟了。

Zhao Ran: I didn't play well at the beginning, but I got to know how to play gradually.

wáng chéng   nǐ wán yóu xì shàng yǐn ma
王　成：你玩游戏上瘾吗？

Wang Cheng: Did you get addicted to it?

zhào rán   ng   měi tiān dōu huì wán gè bǎ xiǎo shí cái shuì jiào
赵　然：嗯，每天都会玩个把小时才睡觉。

Zhao Ran: Yes, I play one or two hours every day, then go to bed.

wáng chéng nǐ zhēn xíng   áo yè wán diàn nǎo   nǐ ài ren bù shuō nǐ ma
王　成：你 真 行，熬夜 玩 电 脑。你 爱人 不 说 你 吗？

Wang Cheng: You're great to stay up playing computer games. Does your

wife scold you?

zhào rán   zěn me bù shuō   tā zuì tǎo yàn wǒ wán diàn nǎo yóu xì le   kě wǒ
赵　然：怎 么 不 说，她 最 讨 厌 我 玩 电 脑 游戏 了。可 我

zǒng shì rěn bu zhù xiǎng wán
总 是 忍 不 住 想 玩。

Zhao Ran: Yes, she does. She hates me playing computer games the most.

But I can't help playing.

wáng chéng   nǐ ya   hái gēn hái zi shì de
王　成：你 呀，还 跟 孩 子 似 的。

Wang Cheng: Well, you act just like a child.

词汇 Vocabulary

玩 wán
play

电脑游戏 diàn nǎo yóu xì
computer game

游戏盘 yóu xì pán
game disk

上网 shàng wǎng
surf the Internet; go / get on the Internet

刺激 cì jī
stimulating; exciting

熟 shú
skilled

个把 gè bǎ
one or two

小时 xiǎo shí
hour

上瘾 shàng yǐn
get addicted to; get into the habit of

讨厌 tǎo yàn
hate; dislike

熬夜 áo yè
stay up late

忍不住 rěn bu zhù
can't help

相关用语 Relevant Expressions

玩几个小时
wán jǐ ge xiǎo shí / play several hours

有意思
yǒu yì si / interesting

没有意义
méi yǒu yì yì / not instructive; meaningless

放松一下。
fàng sōng yí xià / relax; take a rest

休息
xiū xi / have a rest

玩一盘棋换一下脑子
wán yì pán qí huàn yí xià nǎo zi / play a game of chess for a change

玩累了
wán lèi le / get tired from playing

语言文化小贴士
Language Tips

xiǎng kāi diǎn
1. 想 开 点

这是安慰人时常用的一句话,意思是不要总想不开心的事,其实

没有什么大不了的。

This is a phrase commonly used to console people, meaning that they should not always think about unhappy things, actually it doesn't matter at all.

例:别生气了,想开点。这次没考好,下次努力考好就是了。

Don't be angry. Think about something else. You didn't do well on the exam this time, but you can do it better next time.

chuī
2. 吹

指(事情、交情)破裂、失败,多用于口语中。

It is a colloquial word, meaning something failed.

例:出国的事吹了,因为没钱。

I failed to go abroad because I didn't have enough money.

yǒu shén me hǎo wán de
3. 有 什 么 好 玩 的

根据说话的语气可以表示两种意思:1.尾音是升调时表示询问有什么好玩的东西;2.尾音是降调时表示否定,意思是"没有什么好玩的"。

It has two meanings depending on the intonation: 1. When it's a rising tone at the end, it indicates a request for something interesting; 2. When it's a falling tone at the end, it indicates a negative meaning — no good things to play with.

xiā wán
4. 瞎 玩

"瞎"表示没有条理,无目的,一般后面接动词。类似的词语还有:瞎看、瞎说、瞎闹、瞎打、瞎扯等。

It refers to to play something meaninglessly or aimlessly. "Xiā" means meaninglessly or randomly, usually followed by a verb. Similar phrases include: xiā kàn (watch randomly), xiā shuō (talk irresponsibly), xiā nào (act senselessly), xiā dǎ (fight in disorder), xiā chě (talk irresponsibly), and so on.

● 练习 Exercises

选择适当的词，完成下列句子。Complete the following sentences with the right words.

扑克　瞎玩　熬夜　游戏　吹　刺激　忍不住　上瘾

1. 费了那么大的劲,结果最后 _____ 了,真难受。
2. 玩 _____ 人不够,得四个人打。
3. 我一般上网玩游戏,跟别人对打,特别 _____。
4. 开始我也是 _____,慢慢地就熟了。
5. 玩游戏从来不 _____。
6. 她最讨厌我玩电脑 _____ 了。
7. 我不想 _____ 玩游戏,可我总是 _____。

● 必备用语 Key Expressions

zhè ge yīn xiǎng gòu bàng de
这 个 音 响 够 棒 的。

This hi-fi system is really cool.

xǐ huan chàng gē
喜 欢 唱 歌

love singing

wǒ bú tài huì chàng
我 不 太 会 唱 。

I don't know how to sing.

chàng de hǎo tīng
唱 得 好 听

sing well

wǒ zhèr yǒu wǔ qǔ
我 这 儿 有 舞曲。

I have dance music.

bié lòu qiè le
别 露 怯 了

don't make a fool of oneself

tīng yīn yuè
听 音乐

listen to music

tǎo yàn tīng yáo gǔn
讨 厌 听 摇 滚

hate rock and roll

nǐ xǐ huan nǎ ge gē shǒu
你喜 欢 哪个歌 手 ？

Which singer do you like?

zuì hóng de gē xīng shì
最 红 的歌 星 是……

the most popular singer is....

● 情景对话 Situational Dialogues

（Today is Mid-autumn Festival. Lin Qing and some of her former classmates go to a party at Zhang Ling's home.）

1. 唱歌 Singing

zhāng líng   bì yè zhè me duō nián le   jīn tiān néng jù dào yì qǐ hái zhēn bù
张 玲：毕业 这 么 多 年 了，今 天 能 聚 到 一 起 还 真 不

róng yì
容 易。

Zhang Ling: We have graduated from college for so many years. It's not

　　　　easy to get together today.

lín qīng　shì a　píng shí dà jiā dōu hěn máng
林 青：是 啊，平 时 大家 都 很　忙　。

Lin Qing: Right. We are all very busy everyday.

tóng xué　nán dé yǒu zhè me ge jī huì dà jiā còu dào yì qǐ le
同 学 1：难 得 有 这 么 个 机 会 大家 凑 到 一起 了。

Classmate 1: It's rare for us to have this chance to get together.

tóng xué　wā　zhè ge yīn xiǎng gòu bàng de
同 学 2：哇，这 个 音 响　够 棒 的。

Classmate 2: Whoa, this hi-fi system is really cool.

zhāng líng　hāi　wǒ bú shì xǐ huan chàng gē ma　wǒ xiān sheng jiù gěi wǒ mǎi
张　玲：咳，我 不 是 喜 欢　唱　歌 吗？我 先　生　就 给 我 买

　　　　le yí tào yīn xiǎng
　　　　了 一 套 音　响　。

Zhang Ling: Oh, you know I love singing, so my husband bought a set

　　　　for me.

tóng xué　néng shì shi ma
同 学 2：能　试 试 吗？

Classmate 2: Can I try it?

zhāng líng　dāng rán le　wǒ zhèr　néng chàng kǎ lā
张　玲：当　然 了。我 这 儿　能　唱　卡 拉 OK。

Zhang Ling: Of course. I've got a karaoke machine here.

lín qīng　nǐ dōu yǒu shén me gē ya
林 青：你 都 有 什 么 歌 呀？

Lin Qing: What songs do you have?

zhāng líng shén me dōu yǒu nǐ zì jǐ kàn ba
张　玲：什 么 都 有，你 自 己 看 吧。

Zhang Ling: Everything. You can have a look.

lín qīng zhèr dōu shì xīn gē wǒ bú tài huì chàng
林 青：这 儿 都 是 新 歌，我 不 太 会 唱 。

Lin Qing: These are all new songs and I don't know how to sing.

zhāng líng lǎo gē zài zhèr
张　玲：老 歌 在 这 儿。

Zhang Ling: The old songs are here.

tóng xué nǐ xiān gěi wǒ men chàng yí ge ba wǒ men dōu zhī dào nǐ sǎng
同 学 1：你 先 给 我 们 唱 一 个 吧，我 们 都 知 道 你 嗓
zi hǎo chàng de hǎo tīng
子 好， 唱 得 好 听。

Classmate 1: You sing one for us, please. We all know you've got a good
voice and sing well.

zhāng líng hǎo wǒ xiān dài ge tóu bǎ shēng yīn tiáo xiǎo yì diǎn bié chǎo
张　玲：好，我 先 带 个 头。把 声 音 调 小 一 点，别 吵
dào bié ren
到 别 人 。

Zhang Ling: OK. I'll start first. Please turn it down so that it won't disturb
others.

tóng xué zhēn bàng chàng de yǒu shuǐ píng xiàng gē xīng
同 学 2：真 棒 ！ 唱 得 有 水 平， 像 歌 星 。

Classmate 2: Great! You sing excellently, just like a pop star.

zhāng líng nǎr de huà méi shì xiā chàng zhe wánr bei zì yú zì lè
张　玲：哪 儿 的 话，没 事 瞎 唱 着 玩 儿 呗，自 娱 自 乐。

Zhang Ling: Nonsense. I just sing for fun and amuse myself during my free
time.

lín qīng nǐ kě zhēn qiān xū
林 青：你 可 真 谦 虚！

Lin Qing: You're very modest.

词汇 Vocabulary

毕业　bì yè
graduate; graduation

聚　jù
gather

凑　còu
gather together

唱歌　chàng gē
sing a song

音响　yīn xiǎng
hi-fi system

卡拉 OK　kǎ lā OK
karaoke

歌　gē
song

嗓子　sǎng zi
voice

声音　shēng yīn
sound

调　tiáo
turn

吵　chǎo
disturb

自娱自乐　zì yú zì lè
entertain oneself;
self entertainment

谦虚　qiān xū
modest

相关用语 Relevant Expressions

英文歌曲
yīng wén gē qǔ / English song

电影歌曲
diàn yǐng gē qǔ / film song

唱不好, 瞎唱。
chàng bù hǎo xiā chàng / I can't
sing well, just sing for fun.

校园歌曲
xiào yuán gē qǔ / campus song

流行歌曲
liú xíng gē qǔ / pop song

2. 跳舞 Dancing

zhāng líng　dà jiā xiǎng tiào wǔ ma　wǒ zhèr　yǒu wǔ qǔ
张　玲：大家　想　跳舞吗？我这儿有舞曲。

Zhang Ling: Does anybody want to dance? I have dance music.

tóng xué　　nǐ dōu yǒu shén me wǔ qǔ
同 学 1：你 都 有 什 么 舞曲？

Classmate 1: What kind of dance music do you have?

zhāng líng　dí sī kē　huá ěr zī　tàn gē
张　玲：迪斯科，华 尔 兹，探 戈……

Zhang Ling: Disco, waltz, tango....

tóng xué　　wǒ jiù huì tiào dí sī kē　bié de dōu bú huì
同 学 1：我 就 会 跳 迪斯科，别 的 都 不 会。

Classmate 1: I can only dance disco, nothing else.

tóng xué　　dí sī kē zuì róng yì le　shuí dōu huì　bú jiù shì xiā tiào　xiā
同 学 2：迪斯科 最 容 易 了，谁 都 会，不 就 是 瞎 跳 、瞎
　　　　niǔ ma
　　　　扭 吗？

Classmate 2: Disco is the easiest. Everyone can dance. You just dance as
　　　　　　you like, and twist your body, don't you?

lín qīng　hā ha　shuí shuō de　yào niǔ hǎo kàn le yě bù róng yì ne　bú xìn　nǐ
林 青：哈哈，谁 说 的，要 扭 好 看 了 也 不 容 易 呢！不信，你
　　　　niǔ yí ge wǒ qiáo qiao
　　　　扭 一 个 我 瞧 瞧 。

Lin Qing: Huh, huh, who says that? It's not easy to twist well. If you don't
　　　　　believe me, you just dance and show me.

tóng xué　　suàn le　bié lòu qiè le
同 学 2：算 了，别 露 怯 了。

Classmate 2: Well, forget it. I don't want to make a fool of myself.

lín qīng　ài　nǐ huì tiào sān bù　sì bù ma
林 青：哎，你 会 跳 三 步、四 步 吗？

Lin Qing: Hey, can you dance three-step and four-step?

zhāng líng　huì ya
张　玲：会 呀。

Zhang Ling: Yes.

lín qīng nǐ jiāo jiao wǒ hǎo bu hǎo
林 青：你 教 教 我，好 不 好？

Lin Qing: Would you teach me?

zhāng líng xíng qí shí hěn róng yì nǐ zhè me cōng míng yì xué jiù huì
张 玲：行。其 实 很 容 易，你 这 么 聪 明，一 学 就 会。

Zhang Ling: OK. In fact, it's very easy. You're so smart. You'll know
             how to dance as soon as you learn it.

lín qīng bié kuā wǒ wǒ zhè rén bèn méi zhǔnr huì ràng nǐ shī wàng de
林 青：别 夸 我，我 这 人 笨，没 准 儿 会 让 你 失 望 的。

Lin Qing: Don't flatter me. I'm very slow. Perhaps I'll disappoint you.

词汇 Vocabulary

跳舞 tiào wǔ
dance

舞曲 wǔ qǔ
dance music

迪斯科 dí sī kē
disco

华尔兹 huá ěr zī
waltz

探戈 tàn gē
tango

扭 niǔ
twist

露怯 lòu qiè
display one's ignorance; make a
fool of oneself

教 jiāo
teach

聪明 cōng míng
smart

笨 bèn
slow; stupid; clumsy

失望 shī wàng
disappoint

相关用语 Relevant Expressions

节奏
jié zòu / rhythm

快
kuài / fast; quick

慢
màn / slow

拍子
pāi zi / beat; tempo

3. 谈论音乐 Talking About Music

zhāng líng　nǐ xǐ huan tīng shén me yīn yuè
张　玲：你喜欢 听 什么音乐？

Zhang Ling: What music do you like?

lín qīng　wǒ xǐ huan tīng gǔ diǎn yuè　xiàng gāng qín qǔ　xiǎo tí qín qǔ　jiāo
林 青：我喜欢 听古典乐，像　钢 琴曲、小提琴曲、交

　　　　xiǎng yuè zhè yàng de　nǐ ne
　　　　响 乐这 样 的。你呢？

Lin Qing: I like classical music, such as the piano, the violin, and the
　　　　symphony. And you?

zhāng líng　wǒ xǐ huan tīng qīng yīn yuè　tǎo yàn tīng yáo gǔn　tài chǎo le
张　玲：我喜欢 听轻音乐，讨厌听摇滚，太吵了。

Zhang Ling: I like to listen to light music and hate rock and roll. It's too
　　　　noisy.

lín qīng　nà zán men liǎ yí yàng　nǐ jué de liú xíng gē qǔ zěn me yàng
林 青：那咱 们俩一 样。你觉得流 行歌曲怎么 样？

Lin Qing: Well, we have the same feelings. How do you like the pop
　　　　music?

zhāng líng　hái xíng　bù tǎo yàn　dàn yě bú shì zuì xǐ huan
张　玲：还行，不讨厌，但也不是最喜欢 。

Zhang Ling: So-so. I neither hate it nor like it.

lín qīng　yǒu xiē liú xíng gē qǔ xiě de bú cuò　qǔ diào hěn hǎo tīng　yě róng
林 青：有些流 行歌曲写得不错，曲调很好听，也容

　　　　yì chàng
　　　　易 唱 。

Lin Qing: Some pop songs are well written with a good melody, and are
　　　　easy to sing.

zhāng líng　nǐ xǐ huan nǎ ge gē shǒu
张　玲：你喜欢 哪个歌手？

Zhang Ling: Which singer do you like?

lín qīng　nán gē shǒu wǒ xǐ huan liú huān　sūn nán　nǚ gē shǒu wǒ xǐ huan
林青：男 歌 手 我 喜 欢 刘 欢 、孙 楠 ，女 歌 手 我 喜 欢

　　　 hán hóng
　　　 韩 红 。

Lin Qing: Among male singers I like Liu Huan and Sun Nan, while among
　　　　　 female singers I like Han Hong.

zhāng líng　xiàn zài zuì hóng de gē xīng shì zhōu jié lún　tā de fěn sī zuì duō
张 玲：现 在 最 红 的 歌 星 是 周 杰 伦 ，他 的 粉 丝 最 多 。

Zhang Ling: Now the most popular singer is Zhou Jielun. He's got the
　　　　　　 most fans.

lín qīng　wǒ zěn me tīng bù chū lai tā nǎ li chàng de hǎo　tā chàng de gē cí
林 青：我 怎 么 听 不 出 来 他 哪 里 唱 得 好 ，他 唱 的 歌 词

　　　 wǒ yǒng yuǎn yě tīng bù qīng
　　　 我 永 远 也 听 不 清 。

Lin Qing: I can't see how well he sings. I never hear clearly what he sings
　　　　　 with the lyrics.

zhāng líng　bú guò　tā tǐng yǒu cái de　suǒ yǒu de gē dōu shì tā zì jǐ chuàng
张 玲：不 过 ，他 挺 有 才 的 ，所 有 的 歌 都 是 他 自 己 创

　　　 zuò de
　　　 作 的 。

Zhang Ling: But he's very talented. All the songs are composed by him-
　　　　　　 self.

lín qīng　zhè dào shì
林 青：这 倒 是 。

Lin Qing: That's true.

词汇 Vocabulary

听 tīng listen to; hear	音乐 yīn yuè music

古典乐 gǔ diǎn yuè
classical music

钢琴曲 gāng qín qǔ
piano music

小提琴曲 xiǎo tí qín qǔ
violin music

交响乐 jiāo xiǎng yuè
symphony

轻音乐 qīng yīn yuè
light music

摇滚 yáo gǔn
rock and roll

吵 chǎo
noise; noisy

流行歌曲 liú xíng gē qǔ
pop music

曲调 qǔ diào
melody

红 hóng
popular

歌星 gē xīng
singing star; star singer

粉丝 fěn sī
fans

歌词 gē cí
lyrics

创作 chuàng zuò
compose; produce; write

相关用语 Relevant Expressions

民谣
mín yáo / folk rhymes; folk lyrics

乡村音乐
xiāng cūn yīn yuè / country music

饶舌音乐
ráo shé yīn yuè / rap music

歌剧
gē jù / opera

语言文化小贴士 Language Tips

lòu qiè
1. 露 怯

　　指因为缺乏知识，言谈举止发生可笑的错误。中国人大多讲究面子，不愿意当众出丑或因不太了解某事而说错话、办错事，让人们笑话。所以，无论什么事，凡是自己没有把握的事都不愿意主动去做。

It refers to one who makes a fool of oneself because of a lack of knowledge. Chinese people pay attention not to lose face and are reluctant to speak or do things before others unconfidently for fear that their mistakes in speaking or doing things may display their ignorance and be laughed at by others. So no matter what things they are asked to do, if they are not 100 percent sure, they won't be willing to do it on their own initiative.

zhè dào shì
2. 这 倒 是

指赞同某人说的话。

Fully agree with what one says.

qiān xū
3. 谦 虚

中国人说话含蓄，喜欢谦虚，不爱说自己有多好。每当听到别人的表扬或夸奖时，总爱用"不好"来回答。

Chinese people speak in a implicit manner. They like modesty and

你可真棒！

这没什么的。

你也太谦虚了。

seldom praise themselves. So when one is being flattered or praised, he or she always replies with "bù hǎo", meaning not good.

● 练习 Exercises

选择适当的词，完成下列句子。Complete the following sentences with right words.

音响 红 嗓子 粉丝 曲调 唱 调 露怯 谦虚 摇滚

1. 我先生就给我买了一套 ＿＿＿＿。
2. 我们都知道你 ＿＿＿＿ 好，＿＿＿＿ 得好听。
3. 把声音 ＿＿＿＿ 小一点，别吵到别人。
4. 你可真 ＿＿＿＿！
5. 算了，别 ＿＿＿＿ 了。
6. 我喜欢听轻音乐，讨厌听 ＿＿＿＿，太吵了。
7. ＿＿＿＿ 很好听，也容易唱。
8. 现在最 ＿＿＿＿ 的歌星是周杰伦，他的最多。

Dressing

UNIT **13**

● 必备用语 **Key Expressions**

zhèng zhuāng
正　装

formal clothes

xiū xián zhuāng
休 闲　装

casual wear

dài lǐng dài
戴 领 带

wear a necktie

zài pèi tiáo hé shì yán sè de lǐng dài
再 配 条 合 适 颜 色 的 领 带

match it with a tie of a proper color

nǐ kàn zhè tiáo zěn me yàng
你 看 这 条 怎 么 样 ？

What do you think of this one?

xiǎn de yōng zhǒng
显 得 臃 肿

look too puffy

tào zhuāng
套 装

outfit

tài báo
太 薄

too thin

chuān hòu diǎnr
　穿　厚 点 儿

wear something thick

hǎo kàn ma
好 看 吗 ？

What do you think?

● 情景对话 **Situational Dialogues**

(Zhao Ran and Lin Qing will take part in a party tonight. Now they are discussing what to wear.)

1. 穿什么？ What to Wear?

lín qīng　jīn tiān wǎn shang zán men chuān shén me qù a　zhèng zhuāng hái
林青：今 天 晚　上　咱 们　穿　什 么 去 啊 ？ 正　装　还

shì xiū xián zhuāng
是 休 闲 装 ？

Lin Qing: What shall we wear tonight, formal clothes or casual wear?

zhào rán wǒ xiǎng hái shì chuān zhèng zhuāng ba zhèng shì yì diǎn hǎo bié
赵 然：我 想 还 是 穿 正 装 吧， 正 式 一 点 好 ，别

tài suí biàn le
太 随 便 了。

Zhao Ran: I think we'd better wear formal clothes. It would be better to
look formal. Don't be too casual.

lín qīng nǐ yào chuān xī zhuāng dài lǐng dài ma
林 青：你 要 穿 西 装 、戴 领 带 吗？

Lin Qing: You want to wear a suit, and wear a necktie?

zhào rán shì de nǐ bāng wǒ bǎ nà tào shēn lán sè de xī fu ná chū lai zài pèi
赵 然：是 的。你 帮 我 把 那 套 深 蓝 色 的 西 服 拿 出 来，再 配

tiáo hé shì yán sè de lǐng dài
条 合 适 颜 色 的 领 带。

Zhao Ran: Yes. Please take that dark blue suit out for me and match it with
a tie of a proper color.

lín qīng nǐ kàn zhè tiáo zěn me yàng
林 青：你 看 这 条 怎 么 样？

Lin Qing: What do you think of this one?

zhào rán bù hǎo huàn yì tiáo
赵 然：不 好， 换 一 条。

Zhao Ran: Not good. Pick another one.

lín qīng zhè tiáo
林 青：这 条？

Lin Qing: This one?

zhào rán wǒ jué de xíng jiù shì tā ba
赵 然：我 觉 得 行 ，就 是 它 吧。

Zhao Ran: I think so. That's it.

línqīng   xié ne
林 青：鞋 呢？

Lin Qing: What about shoes?

zhào rán   wǒ gān cuì jiù chuān zhè shuāng pí xié ba
赵 然：我 干 脆 就 穿 这 双 皮鞋 吧。

Zhao Ran: I will wear this pair of leather shoes.

línqīng   xíng bǎ tā cā gānjìng   zài yòng xié yóu bǎ tā cā liàng
林 青：行，把 它 擦 干 净，再 用 鞋 油 把 它 擦 亮 。

Lin Qing: OK. Wipe it clean and polish it with shoeshine.

词汇 Vocabulary

正装 zhèng zhuāng
formal clothes

休闲装 xiū xián zhuāng
casual wear

西装 xī zhuāng
suit

领带 lǐng dài
necktie; tie

深蓝色 shēn lán sè
dark blue

西服 xī fú
suit

颜色 yán sè
color

皮鞋 pí xié
leather shoes

鞋油 xié yóu
shoeshine

擦亮 cā liàng
polish

相关用语 Relevant Expressions

打领带
dǎ lǐng dài / wear a necktie

衬衫
chèn shān / shirt; dress shirt

系
jì / tie

鞋
xié / shoes

袜子
wà zi / socks

2. 穿多少？ How Many Clothes to Wear?

zhào rán   nǐ shuō wǒ lǐ mian hái yòng chuān máo yī ma
赵 然：你 说 我 里 面 还 用   穿   毛 衣 吗？

Zhao Ran: Do you think I should wear a sweater inside?

lín qīng   bú yào chuān   nà yàng xiǎn de yōng zhǒng
林 青：不 要 穿 ，那 样   显 得 臃   肿 。

Lin Qing: No need. That would look too puffy.

zhào rán   bù chuān huì bu huì lěng
赵 然：不 穿 会 不 会 冷？

Zhao Ran: Is it cold if I don't wear it?

lín qīng   zuì hǎo nǐ lǐ mian chuān yí jiàn bǎo nuǎn nèi yī   bǎo zhǔn bú
林 青：最 好 你 里 面   穿 一 件 保 暖 内 衣，保 准 不

　　　　huì lěng
　　　　会 冷 。

Lin Qing: You'd better put on some warm underwear underneath. That

　　　　　　way you won't feel cold.

zhào rán   hǎo zhǔ yì
赵 然：好 主 意。

Zhao Ran: That's a good idea.

lín qīng   zǒu de shí hou   wǒ men wài mian chuān shàng yí jiàn yǔ róng dà yī
林 青：走 的 时 候，我 们 外 面   穿   上 一 件 羽 绒 大 衣

　　　　jiù xíng le
　　　　就 行 了。

Lin Qing: When we leave, we will put on a down-padded overcoat.

zhào rán   chuān fēng yī zěn me yàng
赵 然： 穿   风 衣 怎 么 样？

Zhao Ran: What about a windbreaker?

lín qīng   bù xíng   chuān fēng yī tài shǎo le   chū qù huì lěng de
林 青：不 行 ， 穿   风 衣 太 少 了，出 去 会 冷 的。

Lin Qing: No. That's not thick enough. You would feel cold in that.

zhào rán　hǎo ba
赵　然：好 吧。

Zhao Ran: OK.

词汇 Vocabulary

毛衣 máo yī
sweater

臃肿 yōng zhǒng
puffy

内衣 nèi yī
underwear

羽绒大衣 yǔ róng dà yī
down-padded overcoat

风衣 fēng yī
windbreaker

冷 lěng
cold

相关用语 Relevant Expressions

内衣
nèi yī / underwear

内裤
nèi kù / underwear; underpants

外衣
wài yī / overcoat

裤子
kù zi / trousers

单薄
dān bó / thin and weak

3. 穿什么样式? What Style to Wear?

zhào rán　bié zǒng shuō wǒ de yī fu le　nǐ chuān shén me ne
赵　然：别 总 说 我的衣服了，你 穿 什么呢?

Zhao Ran: Don't talk too much about my clothes. What are you going to
　　　　　wear?

lín qīng　wǒ hái méi xiǎng hǎo ne　wǒ bù xiǎng chuān tào zhuāng
林 青：我还没 想 好呢。我不 想 穿 套 装 。

Lin Qing: I haven't decided yet. I don't want to wear a suit.

zhào rán　nà jiù chuān yì tiáo lián yī qún
赵　然：那就　穿　一　条　连衣裙。

Zhao Ran: You can wear a dress.

lín qīng　zhè xiē dōu shì xià tiān chuān de　tài báo le
林　青：这些都是夏天　穿　的，太薄了。

Lin Qing: These are all for summer. They're too thin.

zhào rán　nà jiù chuān hòu diǎnr　de
赵　然：那就　穿　厚　点　儿的。

Zhao Ran: Wear something thick, then.

lín qīng　ng　zhè me zháo　wǒ shàng yī chuān jiàn　zì lǐng de jǐn shēn yáng
林　青：嗯，这么　着，我　上　衣　穿　件V字领的紧身　羊

máo shān　xià miàn pèi tiáo cháng qún　nǐ jué de zěn me yàng
毛　衫，下　面　配条　长　裙，你觉得怎么样？

Lin Qing: Hmm. OK. I'll wear a V-shaped close-fitting woolen sweater
　　　and a long skirt. What do you think?

zhào rán　bú cuò　zhè yàng yòu dà fang yòu piào liang　hái bù lěng
赵　然：不错。这　样　又大　方　又　漂　亮　，还不冷。

Zhao Ran: Good. That looks elegant and beautiful, and warm enough.

lín qīng　zài dài yì tiáo xiàng liàn　pèi yì shuāng xuē zi　qí le
林　青：再戴一　条　项　链，配一　双　靴子，齐了。

Lin Qing: I'll wear a necklace and a pair of boots. That's it.

zhào rán　nǐ jiù shì huì dǎ ban
赵　然：你就是会打扮。

Zhao Ran: You're good at dressing up.

lín qīng　wǒ zài bǎ tóu shū yí xià　dài yí fù ěr huán　hǎo kàn ma
林　青：我再把头梳一下，戴一副耳环，好看吗？

Lin Qing: And I'll brush my hair and put on a pair of earrings. What do
　　　you think?

zhào rán　hǎo kàn jí le
赵　然：好看极了。

Zhao Ran: Gorgeous.

词汇 Vocabulary

衣服 yī fu
clothes

连衣裙 lián yī qún
dress

薄 báo
thin

厚 hòu
thick

紧身 jǐn shēn
close-fitting

羊毛衫 yáng máo shān
woolen sweater

长裙 cháng qún
long skirt

项链 xiàng liàn
necklace

靴子 xuē zi
boot

打扮 dǎ ban
dress up

耳环 ěr huán
earrings

相关用语 Relevant Expressions

长
cháng / long

短
duǎn / short

套头的
tào tóu de / pullover

高跟鞋
gāo gēn xié / high-heel shoes

简直美极了。
jiǎn zhí měi jí le / It's very beautiful.

语言文化小贴士
Language Tips

hǎo kàn jí le
好 看 极 了

指非常好看。"极"表示达到最高度,这里用做补语,其后面一般跟"了"。如:"累极了、困极了、美极了"。

Very beautiful. The word "极(jí)" indicates the utmost point and functions as a complement. It's usually followed with "了 (le)". For example, "lèi jí le (tired out)", "kùn jí le (very sleepy)", "měi jí le (marvelous)".

根据课文完成下列对话。 Complete the following dialogues according to the text.

1. A: 今天晚上咱们穿什么去啊？正装还是休闲装？
   B: 我想 _____ ,正式一点好,别太随便了。

2. A: 你帮我把那套深蓝色的西服拿出来,再配条 _____ 。
   B: 你看这条怎么样?

3. A: 这条领带怎么样?
   B: _____ ,就是它吧。

4. A: 不穿毛衣会不会冷?
   B: _____ ,保准不会冷。

5. A: 我上衣穿件羊毛衫,下面配条长裙,你觉得怎么样?
   B: 不错。这样 _____ ,还不冷。

Good Looks

● 必备用语 Key Expressions

zhè jiàn yī fu nǐ chuān zhe tè bié
这 件 衣 服 你 穿 着 特 别

hé shì
合 适。

The clothes you wear fit you perfectly.

zhè ge yán sè bú shì hé wǒ
这 个 颜 色 不 适 合 我。

This color doesn't fit me.

nǐ zhǎng de bái
你 长 得 白。

You are white.

wǒ shì cháng liǎn
我 是 长 脸。

I've got a long face.

nǐ gè zi gāo
你 个 子 高。

You are tall.

nǐ shuō wǒ shū shén me fà xíng
你 说 我 梳 什 么 发 型

hǎo kàn
好 看？

What kind of hairstyle should I wear do you think?

wǒ bù xǐ huan nǐ jiǎn duǎn fà
我 不 喜 欢 你 剪 短 发。

I don't like you with short hair.

wǒ kě bù néng xiǎo kàn nǐ
我 可 不 能 小 看 你。

I can't look down on you.

nǐ zhǎng de tǐng shuài de
你 长 得 挺 帅 的。

You are very handsome.

kàn shàng nǐ
看 上 你

set my eyes on you

● 情景对话 Situational Dialogues

(Lin Qing and Zhao Ran are still making preparations for the party tonight.)

Daily Life Talk

1. 谈论相貌 Talking About Looks

赵然：这件衣服你穿着特别合适。

Zhao Ran: The clothes you wear fit you perfectly.

林青：是吗？

Lin Qing: Really?

赵然：嗯，不肥也不瘦，而且颜色也好。

Zhao Ran: Yeah, they're neither loose nor tight, and the color is just right.

林青：我可总觉得这个颜色不适合我。

Lin Qing: But I think the color doesn't fit me.

赵然：哪儿呀？你长得白，穿什么颜色的都好看。

Zhao Ran: Nonsense. You are white, so anything goes on you well.

林青：可我是长脸，穿 V 字领的衣服不好，显得脸更长了。

Lin Qing: Well, I've got a long face. V-neck clothes don't look good on me and make my face seems even longer.

赵然：嗯，这种适合圆脸型的人。要不换这件吧？圆领的。

Zhao Ran: Hmm, this kind fits round face. Or you can change to this one. It is round neck. Will you try it on?

林青：老公，你看，我感觉好多了。

Lin Qing: My dear, look, I feel much better.

zhào rán   nǐ gè zi gāo rén yě bú pàng tiān shēng jiù shì ge yī fu jià zi
赵 然：你个子高，人也不胖，天 生 就是个衣服架子。

Zhao Ran: You are tall and not fat. You are good for any kind of chothing.

lín qīng méi zhǔnr   wǒ de hái zi shì ge ǎi pàng zi ne
林 青：没 准 儿我的孩子是个矮 胖 子呢？

Lin Qing: Perhaps my child will be a short and fat one.

zhào rán nǎ néng ya jiù píng nǐ wǒ zhè me bàng de shēn cái yě bú huì de
赵 然：哪 能 呀？就 凭 你我这么 棒 的 身 材也不会的。

Zhao Ran: How come? We both have good shape.

词汇 Vocabulary

合适 hé shì
fit; suitable; appropriate

圆领 yuán lǐng
round neck

肥 féi
fat; loose

高 gāo
tall; high

瘦 shòu
thin; tight

胖 pàng
fat

长脸 cháng liǎn
long face

衣服架子 yī fú jià zi
hanger

圆脸 yuán liǎn
round face

矮胖子 ǎi pàng zi
short and fat person

相关用语 Relevant Expressions

脸型
liǎn xíng / face shape

矮个儿
ǎi gèr / short

瓜子脸
guā zǐ liǎn / heart-shaped face

肥胖
féi pàng / fat

高个儿
gāo gèr / tall

瘦
shòu / thin

Daily Life Talk

2. 发型 Hairstyle

lín qīng   nǐ shuō wǒ shū shén me fà xíng hǎo kàn
林青：你说我梳什么发型好看？

Lin Qing: What kind of hairstyle should I wear?

zhào rán   cháng fà   duǎn fà xiǎn de rén jīng shen   dàn bú shì hé nǐ
赵然：长发。短发显得人精神，但不适合你。

Zhao Ran: Long hair. Short hair makes one look energetic, but it doesn't suit you.

lín qīng   huì xiǎn de lǎo   shì ma
林青：会显得老，是吗？

Lin Qing: I would look older, right?

zhào rán   shì   cháng fà ràng rén xiǎn de nián qīng
赵然：是。长发让人显得年轻。

Zhao Ran: Yes. Long hair makes one look younger.

lín qīng   wǒ xiǎng tàng fà
林青：我想烫发。

Lin Qing: I want to have my hair curled.

zhào rán   bié tàng fà   hái shi liú zhí fà hǎo   nà yàng kàn shàng qu hěn kě ài
赵然：别烫发，还是留直发好，那样看上去很可爱。

Zhao Ran: Don't curl it. You'd better keep it straight. That makes you look very lovely.

lín qīng   shì ma   nà jiù tīng nǐ de   běn lái wǒ xiǎng jiǎn tóu fa lái zhe
林青：是吗？那就听你的。本来我想剪头发来着。

Lin Qing: Really? I'll listen to you. I meant to have my hair cut.

zhào rán   bié hú lái   wǒ kě bù xǐ huan nǐ jiǎn duǎn fà   yào jiǎn jiù děng nǐ
赵然：别胡来，我可不喜欢你剪短发。要剪就等你
shàng le nián jì zài jiǎn
上了年纪再剪。

Zhao Ran: Don't do that. I don't like you with short hair. Wait till you get older.

140

lín qīng hǎo wǒ yí dìng bù jiǎn
林 青：好 ，我 一 定 不 剪 。

Lin Qing: All right. I won't have it cut.

词汇 Vocabulary

发型 fà xíng
hairstyle

长发 cháng fà
long hair

短发 duǎn fà
short hair

精神 jīng shen
lively; vigorous; spirited

老 lǎo
old

年轻 nián qīng
young

烫发 tàng fà
curl one's hair

直发 zhí fà
straight hair

可爱 kě ài
lovely; nice

剪头发 jiǎn tóu fa
cut one's hair

胡来 hú lái
do something carelessly;
recklessly

相关用语 Relevant Expressions

做头发
zuò tóu fa / do one's hair

盘头
pán tóu / coil one's hair

卷发
juǎn fà / curled hair

吹头发
chuī tóu fa / dry one's hair

洗头
xǐ tóu / wash hair

染发
rǎn fà / dye hair

3. 化妆 Make-up

zhào rán gǎn jǐn huà zhuāng ba yí huìr jiù yào zǒu le
赵 然：赶 紧 化 妆 吧，一 会 儿 就 要 走 了。

Zhao Ran: Hurry up. Please put on your make-up quickly. We'll leave soon.

lín qīng hǎo de wǒ zhè jiù huà
林 青：好 的，我 这 就 化。

Lin Qing: OK. I'll do it right away.

zhào rán bǎ yǎn jing huà de dà diǎn zài yòng xiē jié máo gāo zhè yàng kàn
赵 然：把 眼 睛 画 得 大 点，再 用 些 睫 毛 膏，这 样 看
　　　 shàng qu yǒu shén
　　　 上 去 有 神。

Zhao Ran: Make your eyes look bigger, and use some mascara to make
　　　 your eyes look more bright.

lín qīng nǐ zěn me shén me dōu zhī dào ya
林 青：你 怎 么 什 么 都 知 道 呀？

Lin Qing: How do you know all these?

zhào rán nǐ bié wàng le wǒ xué guo měi shù
赵 然：你 别 忘 了，我 学 过 美 术。

Zhao Ran: Don't forget I've studied painting.

lín qīng ō duì wǒ kě bù néng xiǎo kàn nǐ yo
林 青：噢，对。我 可 不 能 小 看 你 哟！

Lin Qing: Oh, right. I can't look down on you.

zhào rán méi mao bié huà de tài zhòng zuǐ huà de bǎo mǎn xiē
赵 然：眉 毛 别 画 得 太 重，嘴 画 得 饱 满 些。

Zhao Ran: Don't make your eyebrows too dark, and make your mouth
　　　 plump.

lín qīng hǎo
林 青：好。

Lin Qing: OK.

zhào rán liǎn shang shuā diǎn sāi hóng hǎo le zhuǎn guò shēn lai wǒ kàn
赵 然：脸 上 刷 点 腮 红，好 了。 转 过 身 来，我 看
　　　 kan bú cuò nǐ de bí zi zhǎng de hěn hǎo
　　　 看。不 错。你 的 鼻 子 长 得 很 好。

Zhao Ran: Brush some rouge on your cheeks. Fine, turn around and look at
　　　 me. Good. Your nose is beautiful.

lín qīng　běn lái rén jia jiù zhǎng de hěn hǎo kàn ba
林 青：本 来 人 家 就 长 得 很 好 看 吧！

Lin Qing: I look pretty even without make-up, don't I?

zhào rán　nǐ ya　zhēn shì gěi diǎn yáng guāng jiù càn làn a
赵 然：你 呀，真 是 给 点 阳 光 就 灿 烂 啊。

Zhao Ran: You are easily satisfied when you are treated a little nicer.

lín qīng　lǎo gōng　qí shí　nǐ zhǎng de yě tǐng shuài de　yào bu wǒ yě bú huì
林 青：老 公 ，其 实，你 长 得 也 挺 帅 的。要 不 我 也 不 会

　　　　kàn shàng nǐ de
　　　　看 上 你 的。

Lin Qing: My dear, in fact, you are very handsome. Otherwise I won't set
*　　my eyes on you.*

zhào rán　hǎo le　hǎo le　qīn ài de　chuān shàng yī fu　zán men zǒu ba
赵 然：好 了，好 了，亲 爱 的， 穿 上 衣 服，咱 们 走 吧。

Zhao Ran: Oh, well, my dear. Put on the overcoat and let's go.

lín qīng　hǎo de
林 青：好 的。

Lin Qing: OK.

词汇 Vocabulary

化妆 huà zhuāng make-up	**嘴** zuǐ mouth
眼睛 yǎn jing eye	**饱满** bǎo mǎn plump
睫毛膏 jié máo gāo mascara	**刷** shuā brush
美术 měi shù fine arts; painting	**腮红** sāi hóng rouge
眉毛 méi mao eyebrow	**鼻子** bí zi nose

相关用语 Relevant Expressions

打粉底 dǎ fěn dǐ / put on foundation	粉饼 fěn bǐng / pressed powder
淡妆 dàn zhuāng / light make-up	眼线 yǎn xiàn / eyeliner
浓妆 nóng zhuāng / heavy make-up	眉笔 méi bǐ / eyebrow pencil
眼影 yǎn yǐng / eye shadow	口红 kǒu hóng / lipstick

语言文化小贴士
Language Tips

nǎr ya
1. 哪儿呀？

这是表示不同意见时说的一句话，意思是"才不是呢！"、"谁说的？"。

This is an expression used to express different opinions, meaning "it doesn't; who says that?"

yī fu jià zi
2. 衣服架子

比喻人的身材好，穿什么衣服都能撑起来。

Hanger. This is a metaphor for one who has a good figure and can wear any type of clothes beautifully.

例：她天生是个衣服架子，穿什么都好看。

She was born a hanger and can wear any type of clothes beautifully.

kàn shàng qu   kàn shàng   xiǎo kàn
3. 看上去、看上、小看

"看上去"和"看上"虽只差一个字，但意思和用法均不同。前者用作系动词，后面常跟形容词，意思是"表现得……"；"看上"是动词，表

示"看中、对……满意";"小看"是"轻视"的意思。

　　it appears...; take a fancy to; look down upon. "kàn shàng qu" and "kàn shàng" are quite different in meaning and usage. "kàn shàng qu" is a link verb usually followed with an adjective, meaniing "it appears...". "kàn shàng" is a verb, meaning "take a fancy to, be satisfied with...". "xiǎo kàn" means "look down upon...".

● 练习 Exercises

选择适当的词填空。

看上去　小看　看上　瞎看　看见

1. 这件衣服 _____ 很漂亮。

2. 你在这儿 _____ 什么呢? 赶紧走吧。

3. 我 _____ 他正在跑步。

4. 别 _____ 我老公,他的摄影作品获过二等奖。

5. 她年轻时可漂亮了,所以他老公就 _____ 她了。

Traveling

● 必备用语 Key Expressions

zán men zěn me qù   kāi chē hái shi
咱 们 怎 么 去，开 车 还 是

dǎ chē
打 车？

How should we get there, drive or
take a taxi?

kāi chē qù ba
开 车 去 吧。

Drive.

děi duō zǒu diǎn lù
得 多 走 点 路

have to walk a little bit

zuò chē tài màn le
坐 车 太 慢 了。

It's too slow to take a bus.

qù nǎr
去 哪 儿？

Where to?

hái yǒu duō yuǎn
还 有 多 远？

How far is it?

qián miàn jiù dào le
前 面 就 到 了。

It's right over there.

jiù zài zhèr   tíng ba
就 在 这 儿 停 吧。

Stop here.

duō shao qián
多 少 钱？

How much?

méi líng de
没 零 的

have no change

● 情景对话 Situational Dialogues

（Lin Qing and Zhao Ran are discussing how to go to the party.）

1. 开车去 Driving

lín qīng   lǎo gōng   wǒ zhǔn bèi hǎo le
林 青：老 公，我 准 备 好 了。

Lin Qing: Darling, I'm ready.

zhào rán wǒ yě zhǔn bèi hǎo dài shàng nǐ de bāo zǒu ba
赵　然：我也准备好，带上你的包，走吧。
Zhao Ran: I'm ready, too. Get your handbag and let's go.

lín qīng zán men zěn me qù kāi chē hái shi dǎ chē
林　青：咱们怎么去，开车还是打车？
Lin Qing: How should we go there, drive or take a taxi?

zhào rán kāi chē qù ba
赵　然：开车去吧。
Zhao Ran: Let's drive.

lín qīng nà ge dì fang hǎo tíng chē ma
林　青：那个地方好停车吗？
Lin Qing: Is it easy to park?

zhào rán bú tài hǎo tíng hěn nán zhǎo dào tíng chē wèi
赵　然：不太好停，很难找到停车位。
Zhao Ran: Not really. It's very hard to find a parking space.

lín qīng fù jìn yǒu méi yǒu dà de dì xià tíng chē kù
林　青：附近有没有大的地下停车库？
Lin Qing: Is there a large underground parking lot nearby?

zhào rán yǒu jiù děi duō zǒu diǎn lù xíng ma
赵　然：有，就得多走点路，行吗？
Zhao Ran: Yes, but we have to walk a little bit. Is that all right?

lín qīng dāng rán le yǒu shén me bù xíng de
林　青：当然了，有什么不行的。
Lin Qing: Of course. Why not?

zhào rán nà hǎo wǒ kàn chē yào shi dài shàng le méi yǒu
赵　然：那好，我看车钥匙带上了没有？
Zhao Ran: Well then, I'll see whether I've got the key to the car.

lín qīng zài yī dōu li ma
林　青：在衣兜里吗？
Lin Qing: Is it in your pocket?

zhào rán zài zhèr   zǒu ba nǐ suǒ mén wǒ qù kāi chē
赵　然：在这儿。走吧，你锁门。我去开车。
Zhao Ran: Here it is. Let's go. You lock the door, and I'll start the car.

Daily Life Talk

词汇 Vocabulary

包 bāo
handbag

打车 dǎ chē
take a taxi

开车 kāi chē
drive

停车 tíng chē
park

停车位 tíng chē wèi
parking space

停车场 tíng chē chǎng
parking lot

钥匙 yào shi
key

衣兜 yī dōu
pocket

锁门 suǒ mén
lock the door

相关用语 Relevant Expressions

小心点!
xiǎo xīn diǎn / Be careful!

慢点开!
màn diǎn kāi / Drive slowly!

注意安全。
zhù yì ān quán / Take care.

乘火车
chéng huǒ chē / take a train; by train

乘飞机
chéng fēi jī / take a plane; by plane

坐轮船
zuò lún chuán / take a ship; by ship

坐公共汽车
zuò gōng gòng qì chē / take a bus; by bus

2. 打车去 Taking a taxi

lín qīng   lǎo gōng   zán men zěn me qù   zuò chē hái shi dǎ chē
林 青 : 老 公 , 咱 们 怎 么 去 , 坐 车 还 是 打 车 ?

Lin Qing: Darling, how shall we go, by bus or by taxi?

zhào rán   zuò chē tài màn le   hái shi dǎ chē ba   nǐ shuō ne
赵 然 : 坐 车 太 慢 了 , 还 是 打 车 吧 。 你 说 呢 ?

Zhao Ran: It's too slow to take a bus. Let's go by taxi. What do you think?

lín qīng   wǒ yě xiǎng dǎ chē
林 青 : 我 也 想 打 车 。
Lin Qing: I also want to go by taxi.

zhào rán   hǎo zǒu dǎ chē qù
赵 然 : 好 , 走 , 打 车 去 。
Zhao Ran: OK. Let's go and take a taxi.

(Hail a taxi.)

chū zū sī jī   qù nǎr
出 租 司机 : 去 哪 儿?
Taxi driver: Where to?

zhào rán   gōng wáng fǔ fàn diàn
赵 然 : 恭 王 府 饭 店 。
Zhao Ran: To Gongwangfu Hotel.

chū zū sī jī   zán men zhè me zǒu ba   nà tiáo lù hóng lù dēng duō   ài dǔ chē
出 租 司机 : 咱 们 这 么 走 吧 , 那 条 路 红 绿 灯 多 , 爱 堵 车 。
Taxi driver: Let's go this way. There are a lot of traffic lights on that road
              and it's easy to be caught up in traffic.

zhào rán   hǎo   nín kàn zěn me hǎo zǒu jiù zěn me zǒu ba
赵 然 : 好 , 您 看 怎 么 好 走 就 怎 么 走 吧 。
Zhao Ran: Fine, it's up to you to choose which way to go.

chū zū sī jī   chéng
出 租 司机 : 成 。
Taxi driver: OK.

(A few minutes later.)

lín qīng   hái yǒu duō yuǎn
林 青 : 还 有 多 远 ?
Lin Qing: How far is it?

zhàorán kuài le
赵 然：快 了。

Zhao Ran: Not far.

chū zū sī jī qián mian jiù dào le nǐ men zài nǎr xià
出 租 司 机：前 面 就 到 了，你 们 在 哪 儿 下？

Taxi driver: It's right over there. Where would you like to get off?

zhàorán néng kāi dào fàn diàn zhèng mén kǒu ma
赵 然：能 开 到 饭 店 正 门 口 吗？

Zhao Ran: Can you drive to the gate of the hotel?

chū zū sī jī néng yō hē jīn tiān zhèr zěn me zhè me duō chē a
出 租 司 机：能 。哟嗬，今 天 这 儿 怎 么 这 么 多 车 啊？

Taxi driver: Sure. Well, how come there are so many cars here today?

lín qīng yǒu huó dòng hǎo le shī fu jiù zài zhèr tíng ba
林 青：有 活 动 。好 了，师 傅，就 在 这 儿 停 吧。

Lin Qing: There is a party here. Okay, master, stop here.

zhàorán duō shao qián
赵 然：多 少 钱？

Zhao Ran: How much?

chū zū sī jī sān shí èr yuán
出 租 司 机： 32 元 。

Taxi driver: Thirty-two yuan.

zhàorán gěi nín
赵 然：给 您。

Zhao Ran: Here you are.

chū zū sī jī méi líng qián ma
出 租 司 机：没 零 钱 吗？

Taxi driver: Do you have change?

zhàorán duì bu qǐ méi yǒu
赵 然：对 不 起，没 有 。

Zhao Ran: Sorry, I don't.

línqīng wǒzhèr yǒuliǎngkuài gěi
林 青：我 这 儿 有 两 块 。给 。

Lin Qing: I've got two yuan here. Here you are.

chūzū sī jī zhǎo nǐ qīshí yàopiàoma
出 租 司 机：找 你 70。 要 票 吗？

Taxi driver: Here is 70. Want a receipt?

zhàorán yào xièxie zàijiàn
赵 然 ：要 ，谢 谢 ，再 见 。

Zhao Ran: Yes, thanks. Goodbye.

词汇 Vocabulary

坐车 zuò chē
take a bus

打车 dǎ chē
take a taxi; by taxi

慢 màn
slow

红绿灯 hóng lǜ dēng
traffic lights

饭店 fàn diàn
hotel

零钱 líng qián
change

票 piào
ticket; receipt

相关用语 Relevant Expressions

坐地铁
zuò dì tiě / take the subway

乘公交
chéng gōng jiāo / take a bus

骑车
qí chē / ride a bicycle

上车
shàng chē / get on the bus

下车
xià chē / get off the bus

拿好你的东西。
ná hǎo nǐ de dōng xī / Take
your belongings.

拿着票。
ná zhē piào / Take your receipt/
ticket.

děi
1. 得

用作动词时,"得"不读作"dé",而要读做"děi",表示"必须、一定要、不得不"之意,常用于口语中。

When "dé" is used as a verb, mean "must, have to". It is often used in the colloquial language, pronounced as "děi" instead of "de".

例:我们明天得早点起床,赶 6 点半的火车。

We'll have to get up early tomorrow so as to catch the 6:30 train.

shī fu
2. 师傅

在工、商、戏剧等行业中,常常称传授技艺的人为师傅;后扩展到对其他行业中有技艺的人的尊称。今天在日常生活中,人们也常用来称呼陌生人,以便向其询问、求助或打听某事。

Master. Originally, it is an address to one who passes on skills to others in the fields of business, folk arts, etc. It gradually becomes a respectful title

to the technicians and craftsmen of all fields. Now, it is also a polite title to
address a stranger when one needs to talk to and asks for help.

● 练习 Exercises

1. 请你说出五种出行的方式。Please give five ways of traveling.

2. 根据课文，完成下列句子。Complete the following sentences
according to the text.

    1) A: 咱们怎么去，开车还是打车?

       B: _____。

    2) A: 坐车太慢了，_____。你说呢?

       B: 我也想打车。

    3) A: _____?

       B: 快了。

    4) A: 你们在哪儿下?

       B: 好了，师傅，_____。

    5) A: 没零的?

       B: _____。给。

A

矮胖子	ǎi pàng zi/ short and fat person
安慰	ān wèi/ console; comfort
熬夜	áo yè/ stay up late

B

白	bái/ white
白酒	bái jiǔ/ liquor; distilled spirit
拜年	bài nián/ pay a New Year call
扳子	bān zi/ spanner; wrench
包	bāo/ handbag; wrap
饱	bǎo/ full; stuffed; have enough
饱满	bǎo mǎn/ plump; full
报纸	bào zhǐ/ newspaper
被子	bèi zi/ quilt
笨	bèn/ slow; stupid; clumsy
鼻子	bí zi/ nose
毕业	bì yè/ graduate; graduation
壁橱	bì chú/ closet
便宜	pián yi/ cheap
辫子	biàn zi/ plait; braids; pigtail
标记	biāo jì/ mark; sign
憋	biē/ hold back
冰激凌	bīng jī líng/ ice cream
冰箱	bīng xiāng/ refrigerator
薄	báo/ thin

布置	bù zhì/ furnish

C

擦	cā/ wipe
擦亮	cā liàng/ polish
擦桌子	cā zhuō zi/ wipe a table
菜	cài/ vegetable; dish
菜谱	cài pǔ/ menu
参赛	cān sài/ take part in the competition
厕所	cè suǒ/ toilet
层	céng/ floor
茶叶	chá yè/ tea leaf
长发	cháng fà/ long hair
长脸	cháng liǎn/ long face
长裙	cháng qún/ long skirt
长寿	cháng shòu/ longevity; long life
长寿面	cháng shòu miàn/ longevity noodles
唱歌	chàng gē/ sing a song
超市	chāo shì/ supermarket
吵	chǎo/ disturb; noise; noisy
炒	chǎo/ fry
撑	chēng/ overeaten; be full up
冲澡	chōng zǎo/ take a shower
臭	chòu/ stinky; filthy
出版社	chū bǎn shè/ publishing house
厨房	chú fáng/ kitchen
处理	chǔ lǐ/ deal with; dispose
搋子	chuāi zi/ plunger

窗户	chuāng hu/ window
窗帘	chuāng lián/ curtian
创作	chuàng zuò/ compose; produce; write
吹	chuī/ fail
瓷砖	cí zhuān/ tiles
刺激	cì jī/ stimulating; exciting
聪明	cōng míng/ smart
凑	còu/ gather together
凑合	còu he/ so-so; passable
撮	cuō/ eat

D

打扮	dǎ ban/ dress up
打车	dǎ chē/ take a taxi; by taxi
打扰	dǎ rǎo/ bother; interrupt
打扫房间	dǎ sǎo fáng jiān/ clean the house
大便	dà biàn/ have a bowel movement
大旱	dà hàn/ severe drought
单元	dān yuán/ unit (of a building)
蛋糕	dàn gāo/ cake
导致	dǎo zhì/ cause
倒车	dǎo chē/ transfer; change (buses)
迪斯科	dí sī kē/ disco
地铁站	dì tiě zhàn/ subway station
点	diǎn/ order
电脑游戏	diàn nǎo yóu xì/ computer game
电梯	diàn tī/ elevator; lift
吊灯	diào dēng/ pendent lamp
调	tiào/ turn

堵	dǔ/ block up
堵车	dǔ chē/ hold up in a traffic; traffic jam
短发	duǎn fà/ short hair
锻炼身体	duàn liàn shēn tǐ/ do physical exercise
对门	duì mén/ a neighbor living in the opposite house

E

耳环	ěr huán/ earrings
二等奖	èr děng jiǎng/ second prize

F

发黄	fā huáng/ turn yellow
发型	fà xíng/ hairstyle
阀门	fá mén/ valve
烦	fán/ annoy; irritate
饭店	fàn diàn/ hotel
方便	fāng biàn/ convenience; be convenient
房价	fáng jià/ price of a house
肥	féi/ fat; loose
肥皂	féi zào/ soap
吩咐	fēn fù/ instruct; instruction
粉丝	fěn sī/ fans
风景	fēng jǐng/ scenery
风能	fēng néng/ wind power
风衣	fēng yī/ wind breaker
逢年过节	féng nián guò jié/ on holidays
父亲	fù qin/ father
付钱	fù qián/ pay money

G

钢琴曲	gāng qín qǔ/ piano music
高	gāo/ tall; high
高兴	gāo xìng/ happy; delight; joy
歌	gē/ song
歌词	gē cí/ lyrics
歌星	gē xīng/ singing star; star singer
隔壁	gé bì/ next door
个把	gè bǎ/ one or two
工具	gōng jù/ tool
工钱	gōng qián/ pay
公交车	gōng jiāo chē/ bus
公园	gōng yuán/ park
功劳	gōng láo/ contribution; meritorious service; deed
古典乐	gǔ diǎn yuè/ classical music
贵	guì/ expensive; dear
国际象棋	guá jì xiàng qí/ chess

H

喝	hē/ drink
喝茶	hē chá/ drink tea
喝酒	hē jiǔ/ drink alcohol
合适	hé shì/ fit; suitable; appropriate
合同	hé tong/ contract
何止	hé zhǐ/ far more than
黑	hēi/ black
红	hóng/ popular
红包	hóng bāo/ red envelope; paper bag containing money

红酒	hóng jiǔ/ red wine
红绿灯	hóng lǜ dēng/ traffic lights
厚	hòu/ thick
呼吸	hū xī/ breathe
胡同	hú tong/ alley
胡子	hú zi/ beard; mustache
壶	hú/ kettle; pot
花	huā/ flower
花茶	huā chá/ scented tea
花市	huā shì/ flower market
华尔兹	huá ěr zī/ waltz
化妆	huà zhuāng/ make-up
怀旧	huái jiù/ recall past events or old friends; be nostalgic for old times or friends
还	huán/ return
黄瓜	huáng guā/ cucumber
回收	huí shōu/ reclaim; recylce
活血	huó xuè/ improve blood circulation
获奖	huò jiǎng/ win a prize; receive an award

J

鸡蛋	jī dàn/ egg
吉利	jí lì/ fortunate; auspicious; lucky; propitious
挤	jǐ/ crowd; squeeze
记性	jì xing/ memory
家具城	jiā jù chéng/ furniture shopping mall
减肥	jiǎn féi/ lose weight
减少排放	jiǎn shǎo pái fàng/ reduce emissions
剪头发	jiǎn tóu fɑ/ cut one's hair

见识	jiàn shi/ experience
奖金	jiǎng jīn/ bonus; prize
交响乐	jiāo xiǎng yuè/ symphony
郊区	jiāo qū/ suburb; outskirt
浇水	jiāo shuǐ/ water
饺子	jiǎo zi/ dumpling
教	jiào/ teach
节能型产品	jié néng xíng chǎn pǐn/ energy-saving product
结婚	jié hūn/ get married; marry
结实	jiē shi/ sturdy
睫毛膏	jié máo gāo/ eye blackener; mascara
姐姐	jiě jie/ elder sister
解馋	jiě chán/ satisfy a craving for delicious food
借	jiè/ borrow; lend
紧身	jǐn shēn/ close-fitting
近来	jìn lái/ recently; lately
精神	jīng shen/ lively; vigorous; spirited
居室	jū shì/ room
聚	jù/ gather

K

咖啡	kā fēi/ coffee
咖啡豆	kā fēi dòu/ coffee bean
咖啡壶	kā fēi hú/ coffeemaker; coffeepot
卡拉 OK	kǎ lā OK/ karaoke
开车	kāi chē/ drive
开荤	kāi hūn/ begin or resume a meat diet; end a meatless diet
抗癌	kàng ái/ prevent cancer

考虑	kǎo lǜ/ consider
烤鸭	kǎo yā/ roast duck
磕头	kē tóu/ kowtow
可爱	kě ài/ lovely; nice
可降解的	kě jiàng jiě de/ bio-degradable
客气	kè qi/ stand on ceremony
客厅	kè tīng/ sitting room
空气	kōng qì/ atmosphere
苦	kǔ/ bitter
垮	kuǎ/ collapse; fall in; break down
快递	kuài dì/ express mail
宽敞	kuān chǎng/ spacious
宽带	kuān dài/ broadband
困	kùn/ sleepy

L

垃圾	lā jī/ garbage; litter
垃圾桶	lā jī tǒng/ trash can
懒	lǎn/ lazy
老	lǎo/ old
老皇历	lǎo huáng li/ old calendar
姥姥	lǎo lao/ grandmother
姥爷	lǎo ye/ grandfather
乐	lè/ happy; cheerful; joyful; laugh; be amused
冷	lěng/ cold
利用	lì yòng/ make use of; utilize
连衣裙	lián yī qún/ one-piece dress
联系	lián xì/ contact; touch
凉	liàng/ hang

凉菜	liáng cài/ cold dish
零钱	líng qián/ change
领带	lǐng dài/ necktie; tie
流行歌曲	liú xíng gē qǔ/ pop music
楼房	lóu fáng/ storied building
露怯	lòu qiè/ display one's ignorance; make a fool of oneself
绿茶	lǜ chá/ green tea
绿化	lǜ huà/ make green by planting trees, flowers, etc.; afforest

M

麻烦	má fan/ troublesome
马桶	mǎ tǒng/ toilet
买	mǎi/ buy
买菜	mǎi cài/ buy vegetables
买房	mǎi fáng/ buy a house
卖	mài/ sell
慢	màn/ slow
毛衣	máo yī/ sweater
没出息	méi chū xi/ good-for-nothing
眉毛	méi mao/ eyebrow
煤	méi/ coal
美化	měi huà/ beautify
美容	měi róng/ beautify the face; improve a person's looks
美术	měi shù/ fine arts; painting
米饭	mǐ fàn/ rice
名片	míng piàn/ business card

磨磨蹭蹭	mó mó cèng cèng/ dawdle; loiter
母亲	mǔ qin/ mother

N

内裤	nèi kù/ underpants
内衣	nèi yī/ underwear
奶奶	nǎi nai/ grandmother
难受	nán shòu/ feel ill/unhappy
年糕	nián gāo/ rice cake
年轻	nián qīng/ young
拧	nǐng/ screw
牛奶	niú nǎi/ milk
牛肉	niú ròu/ beef
扭	niǔ/ twist
女儿	nǚ ér/ daughter
女婿	nǚ xù/ son-in-law

P

盘子	pán zi/ plate
胖	pàng/ fat
跑步机	pǎo bù jī/ running machine
跑水	pǎo shuǐ/ water leak
配套设施	pèi tào shè shī/ accessory facilities
盆	pén/ pot
皮鞋	pí xié/ leather shoes
啤酒肚	pí jiǔ dù/ beer belly
票	piào/ ticket; receipt
平房	píng fáng/ one-story house
平衡	píng héng/ balance
瓶子	píng zi/ bottle

破烂   pò làn/ junk; scrap; waste
扑克牌   pū kè pái/ poker

Q

沏茶   qī chá/ make tea
棋子   qí zǐ/ chessman
起床   qǐ chuáng/ get up
气候   qì hòu/ climate
气温   qì wēn/ temperature
谦虚   qiān xū/ modest
签   qiān/ sign
强身   qiáng shēn/ keep fit
墙   qiáng/ wall
轻音乐   qīng yīn yuè/ light music
请客   qǐng kè/ treat
求   qiú/ ask for help; request; beg
曲调   qǔ diào/ melody
全家福   quán jiā fú/ a photo of the whole family
全球变暖 quán qiú biàn nuǎn/ global warming

R

热菜   rè cài/ hot dish
热水器   rè shuǐ qì/ water heater
忍不住   rěn bu zhù/ can't help
认出   rèn chū/ recognize
肉   ròu/ meat

S

塞车   sāi chē/ traffic jam

腮红	sāi hóng/ rough
散步	sàn bù/ take a walk; take a stroll
嗓子	sǎng zi/ voice
扫	sǎo/ sweep
沙发	shā fā/ sofa
伤	shāng/ hurt
伤身	shāng shēn/ be harmful to health
上街	shàng jiē/ go into the street; go shopping
上网	shàng wǎng/ surf the Internet; go/ get on the Internet
上瘾	shàng yǐn/ get addicted to
设计	shè jì/ design
摄影作品	shè yǐng zuò pǐn/ photographic work
身材	shēn cái/ stature
深蓝色	shēn lán sè / dark blue
声音	shēng yīn/ sound
省钱	shěng qián/ save money
盛产	shèng chǎn/ rich in
失望	shī wàng/ disappoint
实惠	shí huì/ economic
实用	shí yòng/ practical
市中心	shì zhōng xīn/ downtown
收拾	shōu shi/ tidy up
受累	shòu lèi/ exert oneself
瘦	shòu/ thin; tight
书房	shū fáng/ study room
舒服	shū fu/ comfortable
熟	shú/ skilled
漱口杯	shù kǒu bēi/ tooth mug; glass or mug for mouth-rinsing or teeth-cleaning

刷	shuā/ brush
刷牙	shuā yá/ brush one's teeth
帅哥	shuài gē/ handsome young man
水池	shuǐ chí/ basin
水管	shuǐ guǎn/ water pipe
水龙头	shuǐ lóng tóu/ water faucet
水能	shuǐ néng/ hydropower
水桶	shuǐ tǒng/ bucket
水箱	shuǐ xiāng/ water tank
睡	shuì/ sleep
顺	shùn/ smooth; lucky; successful
送	sòng/ deliver; send
素菜	sù cài/ vegetable dish
速溶	sù róng/ instant
锁门	suǒ mén/ lock the door

T

踏实	tā shi/ have peace of mind; be free from anxiety
太阳能	tài yáng néng/ solar energy
探戈	tàn gē/ tango
糖	táng/ sugar
躺	tǎng/ lie
烫发	tàng fà/ curl one's hair
讨厌	tǎo yàn/ hate; dislike
剃须刀	tì xū dāo/ shaver
跳舞	tiào wǔ/ dance
铁锹	tiě qiāo/ shovel
听	tīng/ lister to; hear

停车	tíng chē/ park
停车库	tíng chē kù/ parking lot
停车位	tíng chē wèi/ parking space
土豆	tǔ dòu/ potato

W

挖坑	wā kēng/ dig a pit
袜子	wà zi/ socks
外贸公司	wài mào gōng sī/ foreign trade company
外孙女	wài sūn nǔ/ granddaughter; one's daughter's daughter
外孙子	wài sūn zi/ grandson
玩	wán/ play
玩意儿	wán yìr/ plaything; thing
卫生	wèi shēng/ sanitary; hygienic
卫生间	wèi shēng jiān/ bathroom; toilet
温室效应	wēn shì xiào yìng/ greenhouse effect
卧室	wò shì/ bedroom
无精打采	wú jīng dǎ cǎi/ downhearted
午饭	wǔ fàn/ lunch
舞曲	wǔ qǔ/ dance music

X

西服	xī fú/ suit
西红柿	xī hóng shì/ tomato
西装	xī zhuāng/ suit
习惯	xí guàn/ habit
洗碗	xǐ wǎn/ wash a bowl/dish
洗衣粉	xǐ yī fěn/ washing powder

洗衣服	xǐ yī fu/ wash clothes
洗衣机	xǐ yī jī/ washing machine
下班	xià bān/ get off work
下单	xià dān/ give orders
下酒	xià jiǔ/ go with alcohol/drink
下楼	xià lóu/ go downstairs
下水管道	xià shuǐ guǎn dào/ drain; drainage
相册	xiàng cè/ photo album
香	xiāng/ fragrant
香菇	xiāng gū/ mushroom
项链	xiàng liàn/ necklace
象棋	xiàng qí/ chess
小河	xiǎo hé/ stream; small river
小区	xiǎo qū/ community; housing estate, neighborhood
小时	xiǎo shí/ hour
小事	xiǎo shì/ trifle
小提琴曲	xiǎo tí qín qǔ/ violin music
孝顺	xiào shùn/ filial piety
孝心	xiào xīn/ filial piety
歇	xiē/ rest
鞋油	xié yóu/ shoeshine
新年	xīn nián/ New Year
新鲜	xīn xiān/ fresh
休闲装	xiū xián zhuāng/ casual wear
靴子	xuē zi/ boot
学校	xué xiào/ school

Y

压岁钱	yā suì qián/ money given to children as a lunar New Year gift

牙膏	yá gāo/ toothpaste
颜色	yán sè/ color
眼睛	yǎn jing/ eye
羊毛衫	yáng máo shān/ woolen sweater
羊肉	yáng ròu/ mutton
阳台	yáng tái/ balcony
养花	yǎng huā/ grow flowers
摇滚	yáo guǐ/ rock and roll
爷爷	yé ye/ grandfather
一辈子	yí bèi zi/ from birth to death; one's lifetime; all one's life
一眼	yì yǎn/ one look; a glance
衣兜	yī dōu / pocket
衣服	yī fu/ clothes
衣服架子	yī fu jià zi/ hanger
衣架	yī jià/ hanger
医院	yī yuàn/ hospital
义务种树	yì wù zhòng shù/ plant trees voluntarily
易拉罐	yì lā guàn/ can
音乐	yīn yuè/ music
音响	yīn xiǎng/ hi-fi system
饮料	yǐn liào/ beverage
臃肿	yōng zhǒng/ puffy
油菜	yóu cài/ green cabbage
游戏盘	yóu xì pán/ game disk
有害物质	yǒu hài wù zhì/ harmful substance
幼儿园	yòu ér yuán/ kindergarten
羽绒大衣	yǔ róng dà yī/ down-padded overcoat
原汁原味	yuán zhī yuán wèi/ original and authentic

圆脸	yuán liǎn/ round face
圆领	yuán lǐng/ round neck
月租费	yuè zū fèi/ˈmonthly rent
钥匙	yào shi/ key
运气	yùn qi/ luck

Z

杂志	zá zhì/ magazine
脏	zāng/ dirty
涨	zhǎng/ go up; rise
照片	zhào piàn/ photo; picture
蒸	zhēng/ steam
整理	zhěng lǐ/ put in order; arrange
正装	zhèng zhuāng/ formal clothes
知足	zhī zú/ content (with one's lot)
直发	zhí fà/ straight hair
纸质	zhǐ zhì/ papery
中奖	zhòng jiǎng/ win a prize
周末	zhōu mò/ weekend
周围环境	zhōu wéi huán jìng/ surroundings; ambience
猪肉	zhū ròu/ pork
煮	zhǔ/ boil
煮面条	zhǔ miàn tiáo/ boil noodles
住	zhù/ live
注意力	zhù yì lì/ attention
祝贺	zhù hè/ congratulate; congratulations
转移	zhuǎn yí/ transfer; divert
准备	zhǔn bèi/ prepare
自然能源	zì rán néng yuán/ natural energy

自娱自乐	zì yú zì lè/ entertain oneself; self entertainment
嘴	zuǐ/ mouth
坐车	zuò chē/ take a bus

责任编辑：翟淑蓉
封面设计：古　手
插　　图：宋　琪
印刷监制：佟汉冬

图书在版编目（CIP）数据

生活口语／李淑娟主编.—北京：华语教学出版社，2008
（脱口说汉语）
ISBN 978-7-80200-381-1

Ⅰ. 生…　Ⅱ.李…　Ⅲ.汉语－口语－对外汉语教学－教材
Ⅳ. H195.4

中国版本图书馆 CIP 数据核字（2008）第 002930 号

脱口说汉语·生活口语

主编　李淑娟

英文改稿　Michael Williams

*

© 华语教学出版社
华语教学出版社出版
（中国北京百万庄大街 24 号　邮政编码 100037）
电话:(86)10-68320585
传真:(86)10-68326333
网址: www.sinolingua.com.cn
电子信箱: fxb@sinolingua.com.cn
北京外文印刷厂印刷
中国国际图书贸易总公司海外发行
（中国北京车公庄西路 35 号）
北京邮政信箱第 399 号　邮政编码 100044
新华书店国内发行
2008 年（32 开）第一版
（汉英）
ISBN 978-7-80200-381-1
9-CE-3864P
定价：36.00 元